中华成语典故

卷二

李楠 编译

天旋地转

【成语释义】

形容局面发生了根本的改变；有时也用来形容头晕眼花。

【典故出处】

唐代白居易《长恨歌》诗。

【成语故事】

这句成语出自《长恨歌》的第三部分。这部分主要是写马嵬之变后唐玄宗对杨贵妃的思念和他的凄凉生活。从这一部分开始，诗歌的调子转而凄惨悲凉，充满了对李杨遭遇的同情。这与诗的前半部分对李隆基和杨玉环的荒淫生活以及李隆基『重色』倾国的腐败的批判，形成了对比。

诗的第三部分着重写了这样三层意思：一是马嵬之变后唐玄宗在入蜀途中对杨贵妃的思念；二是长安收复后唐玄宗回归京都途中对杨贵妃的思念之情；三是唐玄宗回到长安后的孤寂凄凉的心情，更加深了对杨贵妃的思念。诗的第三部分写道：

黄埃散漫风萧索，云栈萦纡登剑阁。峨嵋山下少人行，旌旗无光日色薄。蜀江水碧蜀山青，圣主朝朝暮暮情。行宫见月伤心色，夜雨闻铃肠断声。天旋日转回龙驭，到此踌躇不能去。马嵬坡下泥土中，不见玉颜空死处。君臣相顾尽沾衣，东望都门信马归。

黄埃：黄灰尘；云栈：高入云端的栈道；萦纡：曲折盘绕；峨嵋山：在今四川峨眉县内，玄宗逃蜀未经峨眉，这里泛指蜀道艰难；圣主：指唐玄宗李隆基；行宫：皇帝在皇城以外的居留处；天旋日转：大局转变，指唐军收长安；回龙驭：指玄宗从蜀回京，龙驭：皇帝的车驾；此：指马嵬坡杨贵妃自缢处；东望：自蜀回长安，是由西向东行，故谓东望；信马：骑在马上由着马随意而行，形容极度悲伤茫然的样子。

这段诗的大意是：唐玄宗一行继续向蜀奔逃，夏日的风刮起漫天的黄尘土，他们沿着曲折环绕、高入云端的栈道经过剑阁，蜀山是那么的荒僻，蜀道是那么艰难，行人寥寥，日色暗淡，旌旗无光。沿途那碧水青山的美景，勾起了唐玄宗对杨贵妃日夜思念之情。旅途上的明月更使人伤情，淅沥夜雨中传来驿站屋下的铃声让人愁肠寸断。唐军收复了长安，玄宗回京途经马嵬坡，久久不愿离开这个地方。但在这里再也见不到杨贵妃了，只能见到她死去的地方。玄宗和随从们相对哭泣着，眼泪沾湿了衣裳，悲伤、茫然地离去，踏上东归征程。

后来，人们从『天旋日转回龙驭』这句诗里，引申出『天旋地转』。

不伦不类

【成语释义】

表示不像这一类，也不像那一类，形容不成样子或不正派。伦：即类。

【典故出处】

《红楼梦》第六十七回。

【成语故事】

有一次，薛蟠从江南带来了两大箱东西，送给母亲薛姨妈和妹妹薛宝钗。一箱是绸缎绫罗、洋货等家常应用之物，另一箱是笔、墨、纸、砚和各种小工艺品。薛姨妈将箱子里的东西取出，一份一份地打点清楚，叫人送给贾母并王夫人等处。

宝钗回到房中，将那些玩意儿一件一件过了目，除了自己留用之外，一份一份配合妥当，分送给贾府的姊妹们，就是贾环那里，她也没有忘记。林黛玉的比别人不同，而且又加厚一倍。一一打点完毕，叫人送往各处。

赵姨娘见宝钗送了贾环如此东西，心里很喜欢，想道：『怪不得别人都说宝丫头好，会做人，很大方。如今看起来，果然！她哥哥能带多少东西来？她挨门送，一处也不遗漏，也不露出谁薄谁厚。连我这样没时运的，她都想到了。要是那林黛玉，她对我们正眼也不瞧，哪里还肯送我们东西？』

赵姨娘一面想，一面摆弄那些东西。忽然，她又想起宝钗是王夫人的亲戚，为何不到王夫人那里去卖个好呢？于是她拿了东西走进王夫人的房中，站在旁边，赔笑说道：『这是宝姑娘才送给环哥的，难为宝姑娘这么年轻的人，想得这么周到，真是大户人家的姑娘呢，多大方，怎么不叫人敬奉呢？怪不得老太太和太太成天夸她、疼她。我也不敢自主就收起来，特地拿来给太太瞧瞧，太太也喜欢喜欢。』

王夫人听了，早知道赵姨娘的来意。又见她说的话不像这类，也不像那一类，但又不便不理她，就说：『你只管收了去拿给环哥玩罢。』

赵姨娘来时很高兴，谁知抹了一鼻子灰，心中生气，又不敢露出来，只得讪讪地走了。

不知所措

【成语释义】

形容受窘或发慌，不知怎么办才好。措：处置。

【典故出处】

《三国志·吴书·诸葛恪传》。

【成语故事】

诸葛恪，字元逊，三国琅玡阳都（今山东沂南之南）人。诸葛瑾的长子，诸葛亮之侄，自幼就很聪明，深得吴主孙权的喜爱。吴大帝孙权嘉禾三年（公元234年），三十二岁的诸葛恪，就任吴国抚越将军。公元252年4月，吴主孙权身染重病，知难以好转，便召诸葛恪、孙弘等到床前，嘱托后事。次日，孙权便死去了。孙弘与诸葛恪不和，便想伪造诏书陷害诸葛恪。皇族孙峻把这个情况告诉了诸葛恪，他便用计把孙弘杀掉了。

诸葛恪便以受命之人，辅佐孙亮即位，接受大将军的重任，专权国事。后来，诸葛恪把辅立皇太子孙亮时的情景，写了一封信告诉他的弟弟诸葛融。信中说：四月十六日，吴主孙权病逝后，皇太子孙亮继位，『哀喜交并，不知所措（意思是：当时孙亮悲哀和喜悦交织一起，自己已经不知道该怎么办了）』。在信中，诸葛恪还表示，自己受命辅佐幼主孙亮，自知才力不行，顾虑很多。但无论怎样，也得竭尽全力为国效力，以报答主公的恩情。诸葛恪执政后，力主抗魏。公元253年，因伐魏受挫，被孙峻所杀。

不遗余力

【成语释义】

比喻已经拿出了全部的力量，作了最大的努力。遗：留下；余力：没有使完的力量。

【典故出处】

《战国策·赵策三》。

【成语故事】

公元前260年，秦昭王任用白起为将率兵去攻打赵国的长平，一下子消灭了赵国四十多万军队。秦军也损失惨重，打得筋疲力尽。过了两年，秦军又围攻赵国的都城邯郸一年多，魏、楚两国联合救赵，才解除了邯郸的围困。秦军撤回去以后，便派使者到赵国，要赵王献出六座城池作为讲和的条件。赵王为此下不了决心。

这时，有一个叫楼缓的人，从秦国来赵国，赵王便同他商量该怎么办，楼缓推辞说：『这不是我所能知道的。』赵王说：『虽然这样，不妨谈谈你的个人意见。』楼缓说：『现在我刚从秦国来，如果说不给城，大王就会认为不是计策，如果说给，又恐怕大王以为我向着秦国。所以不敢回答。假如我能够为大王考虑这件事，就不如给秦国。』赵王也表示同意了。

赵国的大臣虞卿听说后，就对赵王说：『楼缓的话，必定是骗人的鬼话。』

赵王不理解虞卿的意思，问他：『为什么这样说？』虞卿说：『秦国攻打赵国，是打疲倦了回去的，还是有力量而不进攻我们呢？』

赵王说：『秦之攻我也，不遗余力矣，必以倦而归也。』意思是：秦国攻打赵国，已经使出了全部力量，是筋疲力尽才退回去的。虞卿说：『既然这样，秦国用它的力量去攻打它所不能取得的地方，打疲倦了回去；大王又用它的力量所不能攻下的地方去资助它，这不是帮助秦国攻打自己吗？』最后，虞卿终于说服了赵王放弃了割地求和的想法。

后来，人们根据这些记载，引申出『不遗余力』。

不拘一格

【成语释义】

比喻不拘泥于一种规格，一种办法。拘：限，限制；格：标准，法式。

【典故出处】

龚自珍《己亥杂诗·九州生气恃风雷》。

【成语故事】

清朝道光年间，有一位著名的文学家，名叫龚自珍。他生长在浙江仁和（今杭州）五代做官的名门大户人家里，六岁就跟妈妈学诗，十四岁能写诗，十八岁会填词，二十岁就成了当时著名的诗人了。他所作的诗文，大都极力提倡『更法』，揭露清王朝统治的腐朽，洋溢着爱国热情。

龚自珍大约在二十七岁中进士后，曾一度担任礼部主事（官位不高），虽也在朝廷做过近二十年的官，但他不满清王朝统治集团的腐败和官场中黑暗的现实，在公元1839年毅然辞官回乡。

这年的夏天，龚自珍辞官由京城（北京）去杭州，路过镇江的时候，恰好碰上赛神活动，人们抬出玉皇及风神、雷神来拜祭，向神灵祈祷福禄的人多有万余。当时，有人认出了他就是当代文豪龚自珍。一位道士请求他写一篇祭文献给天神。龚自珍便以浪漫主义的手法写了《九州生气恃风雷》这首诗，借以揭露封建社会的黑暗，表达自己要求革新进步的愿望。全诗共四句：

九州生气恃风雷，万马齐喑究可哀；

我劝天公重抖擞，不拘一格降人才。

九州：整个中国的代称；恃：凭借；喑（yīn）：哑，沉闷；究：到底；抖擞（sǒu）：振作。

诗的大意是：清王朝统治下的中国要有生气，就得靠疾风迅雷般的社会大变革；但是像现在这样到处死气沉沉、群众受压抑不敢讲话，实在令人悲愤。我还是劝天公重新振作起来，不拘于常规，把有用的人才降到人间来。

这一路，龚自珍自农历四月二十三出京，到七月初九到家，光诗就写了三百一十五首。这年又是农历的己亥年，因此作者将这些诗的合集称作《己亥杂诗》。

根据这个故事，后来人们就把『不拘一格降人才』，简化为『不拘一格』。

这个故事同时也是『万马齐喑』的来源。

不知所云

【成语释义】

原意表自谦，自己也不知道该说些什么；现多用来比喻思想混乱，说的话让人得不到要旨。云：说。

【典故出处】

诸葛亮《前出师表》。

【成语故事】

诸葛亮，字孔明，汉末山东琅玡阳都（今山东沂南）人，三国时卓越的政治家和军事家。早年隐居在南阳隆中（今湖北襄阳东），后来辅佐刘备联吴抗曹，建立蜀汉政权。刘备称帝后被任为丞相。刘备死后，又辅佐后主刘禅执政。

公元227年（后主刘禅建兴五年），诸葛亮率军离开成都进驻汉中，出师伐魏，临行前他深知后主只知玩乐，昏庸无能，怕出问题，就写了一个表给刘禅。这就是有名的《前出师表》。

在这个表里，诸葛亮追述了自己的经历，表达了兴复汉室，报效先帝刘备的忠心；分析了蜀汉当时的形势，从用人处事到励精图治、赏罚严明等都向刘禅提出了恳切的规劝。最后，诸葛亮一边流着激动的眼泪，一边又自谦地写道：『今当远离，临表涕泣，不知所云。』意思是：现在我就要远征曹魏去了，要离开陛下您了，我写表时不断地落泪，自己也不知道该说些什么好啊！

根据这个故事，后来人们便把『临表涕泣，不知所云』一句中的『不知所云』引申为成语。

不亢不卑

【成语释义】

比喻对人的态度或言语很有分寸，既不高傲，又不低下。亢：亦作抗，高傲；卑：卑屈，自卑。

【典故出处】

《红楼梦》第五十六回。

【成语故事】

《红楼梦》，原名《石头记》。是一部优秀的古典长篇小说，共一百二十回，前八十回为清代曹雪芹所著，后四十回一般认为是高鹗所作。这本书写作于十八世纪中叶的清朝乾隆时期。

《红楼梦》第五十六回讲了这样一个故事：探春、宝钗、李纨和凤姐的丫头平儿凑在一起谈家务，探春数说花园里管理得不好，建议管家的凤姐拿出办法来，让人看着，订上几条规矩，把花园管起来。聪明、伶俐的平儿，既不冒犯探春、得罪众家姑娘，又维护自己的主人凤姐，推三阻四地不讲出自己明确的看法。精于世事的薛宝钗为讨好探春，就数落平儿说：『你张开嘴，我瞧瞧你的牙齿舌头是什么做的？从早起来，到这会子，你说了这些话，一套一个样子：也不奉承三姑娘，也不说你们奶奶才短想不到。』『他这远愁近虑，不亢不卑，他们奶奶就不是和咱们好，听他这一番话，也必要自愧得变好了。』

根据这个故事，后来就引出『不亢不卑』。

不学无术

【成语释义】

原指不读书不学习，便没有知识和本领；现多用来形容既没有学问，又没有本事。术：技艺，本事。

【典故出处】

《汉书·霍光传》。

【成语故事】

霍光，字子孟，河东平阳（今山西临汾西南）人。是西汉时的四朝元老。他的同父异母哥哥就是西汉著名的将军霍去病。汉武帝时，霍光曾被任为车都尉、光禄大夫；昭帝即位，年纪幼小，他与桑弘羊等人同受汉武帝遗诏辅政，任大司马大将军，封博陆侯。昭帝死后，迎立昌邑王刘贺为帝，不久又废，再迎立宣帝。

霍光，前后二十余年在汉王朝任要职，他在辅佐幼年的皇帝时，安定国家，特别是主张轻徭薄赋，对发展生产和保障人民生活的安定，都起了好的作用。但是，他居功骄傲，抓权专利，引起了很多人的怨恨。他辅佐八岁的昭帝时，一人独揽大权，自己决定一切政令；宣帝即位的那天，前往拜谒祖庙，霍光同行，宣帝吓得就像芒刺在背。自昭帝以来，霍光的儿子霍禹、侄孙霍云、霍山，还有霍光的女婿、外孙这些亲戚都在朝廷里做了大官。大臣们有公事，先得请示霍光，然后才能奏明皇上。霍光每次上朝，皇帝也总得对他虚心得不能再虚心，恭敬得不能再恭敬，才算没有事。他位高权重，却又正像《汉书》的作者班固所说的『不学亡术，暗于大理』。这句话的意思是：不肯读书，没有真才实学，不明大义，缺乏深谋远虑。所以，他死后仅三年，宗族即被诛。

根据这个故事，后来人们引出了『不学无术』。

不寒而栗

【成语释义】

比喻极为惊恐的神态；或对某些事物或现象，闻之见之心惊胆寒。寒：寒冷；栗：发抖。

【典故出处】

《史记·酷吏列传》。

【成语故事】

西汉武帝的时候，有一个叫义纵的人，少年时曾和别人一起做过盗贼。后来因为他的姐姐义姁（xǔ）是个医生，给王太后看病，得宠于王太后，义纵便因此做起官来。他在上党郡做了一个小县令。后来当了定襄（今内蒙古和林格尔东南）太守。他每到一地做官都施展他的『酷才』，轻罪重罚，肆意残杀老百姓；同时他还用计除掉了地方上个别不听自己招呼的土皇帝，所以当地有些豪绅贵戚对他也有几分畏惧。义纵升任定襄太守后，他一到任，就对监狱中重罪轻判的二百多人严加管制。同时还把私自入狱探望犯人的二百多人，以『企图为犯人解脱刑具』的罪名，与犯人一起，判处了死罪。一天之内便把这四百多人全处死了。消息一传开，『其后郡中不寒而栗，猾民佐吏为治』。意思是：定襄这个地区的老百姓听到这个消息，个个胆战心惊，那些不法的豪绅和官吏也不敢相互勾结起来闹事了。

根据这个故事，后来人们引出了『不寒而栗』。

不入虎穴，焉得虎子

【成语释义】

说明不冒险，就难以成事；也用来比喻不经历最艰苦的实践，就不能取得真知。焉：怎样；虎子：小虎。

【典故出处】

《后汉书·班超传》。

【成语故事】

公元73年（东汉明帝永平十六年）东汉名将班超被奉车都尉（皇帝的高级侍从官）窦固任命为假司马，由他带领一支部队出征匈奴，得胜而归。窦固见班超很有才干，便派他和从事郭恂共三十六人一起出使西域（今甘肃敦煌以西的广大地带）。

班超首先来到了鄯（shàn）善（在今新疆维吾尔自治区鄯善县）国。鄯善国王对他们很尊敬，并给以种种礼遇。后来却忽然变得冷淡了。班超就对随从的人员说：『你们看出国王的态度发生变化了吗？这必定是北方匈奴也派人来了，鄯善王本来就摇摆不定，这下更不知道服从哪一方好了！』为了证实自己的判断，班超便把那个做接待工作的胡人叫来，诈骗他说：『匈奴使者来了几天，他们住在哪里？』那个胡人非常恐惧，就把实际情况都讲了。为了不至走漏风声，班超便将这个侍者禁闭起来。接着，他就把下面三十六名将士召集起来，说明当前的情况，班超说：『现在匈奴使者到这里才几天，国王就对我们如此冷淡，我们如果被鄯善抓起来，交给匈奴，必死无疑。大家是愿为国立功，还是束手被缚？』众将士表示：在这生死关头，一切愿听班超的指挥。

班超说：『不入虎穴，不得虎子。当今之计，独有因夜以火攻虏使，彼不知我多少，必大震怖，可殄尽也。灭此虏，则鄯善破胆，功成事业矣。』

因夜：趁着夜里；震怖：震惊；殄（tiǎn）：灭绝。这段话的意思是：不入虎穴，就不得虎子。不冒危险，就得不到成功。当今之计，只有趁着夜里用火攻匈奴使者，他们不知道我们有多少人，必定震惊，可以把他们全部消灭。这样，鄯善王就会吓破胆，我们的大功就告成了，我们的事业就建立了。

当夜，班超就带领将士将匈奴使者的驻地包围了，使用火攻，斩杀了匈奴使者和三十多个随从，还有一百来个匈奴人被活活烧死了。第二天，班超就进见鄯善国王，把匈奴使者的头颅给他看，国王大为震惊。班超便把情况对他解释清楚，并加以抚慰。鄯善国王终于心悦诚服，决定把自己的儿子送到汉朝做人质，以表示愿和汉朝永远和睦相处。

根据这个故事，后来『不入虎穴，不得虎子』，被引申为『不入虎穴，焉得虎子』。

不翼而飞

【成语释义】

本意是不必宣传而自会迅速地传播。现则用它比喻消息传播极迅速，或指一件东西突然不见了。

【典故出处】

《战国策·秦策三》。

【成语故事】

战国时，有一年秦王派大将王稽攻打赵国的都城邯郸，一连攻了一年半也攻不下城池。王稽非常烦恼，又无可奈何。

有个叫庄的人向王稽献计说：『你如果犒赏部下，就可以鼓舞他们的斗志，邯郸攻破是有希望的。』王稽不耐烦地说：『我是统帅，只知道服从国王的命令，别的事情管不了那么多。』

庄并没有被王稽的不耐烦吓退，他继续说道：『你这样讲不太对。即使是父亲给儿子下命令，有的可行，有的就不可行。……我看你一味媚上欺下，独断专行，轻视士兵已经很久了。我听说，假如有三个人谎称老虎来了，那么听的人就会信以为真；如果有十个人合力弯一个木槌，就能把木槌弄弯；如果大家都口传消息，要求你改变指挥方法，这消息没有翅膀也会飞得很远。这说明众部下的力量是巨大的。因此，你还是赏赐一下你的将士们吧！』

可是，王稽还是对庄的意见置若罔闻。几天之后秦军果然发生叛乱，严重地影响了战事的顺利进行，秦王很是恼怒，就把王稽处死了。

不动声色

【成语释义】

比喻态度沉着冷静，内心活动在语言和精神上没有丝毫的流露。

【典故出处】

北宋欧阳修《相州昼锦堂记》。

【成语故事】

这篇文章是欧阳修为宰相韩琦修建的昼锦堂所写的记。韩琦，字稚圭，是北宋著名的大臣，早年主张革新，在防御西夏、契丹的侵略中有卓越贡献。宋仁宗至和年间，他曾以武康节度使的身份，到家乡相州（今河南安阳县）担任知州，修建了昼锦堂。欧阳修为该堂所作记中，用战国时的苏秦、西汉时的朱买臣等炫耀富贵的庸俗行为作陪衬，抓住『昼锦』这一名称来做文章，委婉而又含有勉励地赞扬韩琦能以此为戒，胸有治国平天下的大志，不同于一般封建士大夫。正如《相州昼锦堂记》写道：

公在至和中，尝以武康之节，来治于相，乃作昼锦之堂于后圃。既又刻诗于石，以遗相人。其言以快恩仇，矜名誉为可薄，盖不以昔人所夸者为荣，而以为戒。于此见公之视富贵为何如，而其志岂易量哉！故能出入将相，勤劳王家，而夷险一节。至于临大事，决大议，垂绅正笏，不动声色，而措天下于泰山之安：可谓社稷之臣矣！其丰功盛烈，所以铭彝鼎而被弦歌者，乃邦家之光，非闾里之荣也。

公：即魏国公韩琦，历任枢密使、宰相，执政三朝，曾出知相州、大名等地，封魏国公，著有《安阳集》；至和：宋仁宗赵祯年号，公元1054至1056年，共三年；武康：地名，在今浙江省北部；昼锦之堂：即昼锦堂，韩琦知相州，乃归判（按唐宋官制，以高官兼较低职位的官称判）乡郡，他视为所谓『衣锦还乡』，不同于『衣绣夜行』，故为堂舍起名为『昼锦堂』；圃（pǔ）：园地；绅：古代士大夫束在衣外的大带子；笏（hù）：即朝笏，古时大臣朝见时手里拿的以玉、象牙或竹片制成的狭长板子，用来指画或记事；彝鼎：即钟鼎，古代宗庙用的一种礼器；弦歌：乐歌。

这段话的大意是：魏国公在至和年间，就曾以武康节度使的身份来治理相州，便在后园里修建了『昼锦堂』。继而又在石碑上刻了诗，以留赠相州人民。诗篇说的是以恩怨分明来求得快意，把炫耀名誉看作可鄙。因为他本来就不以历来人们所夸耀的当作荣耀，反而把它当作自己的儆戒。从这里可以看出魏国公看待富贵的态度，他的志向可不是能轻易估量出来的啊。所以他才能出将入相，勤劳为国，不论是在顺利还是在艰险的境遇都始终一个样子。至于遇到重大事件，决断重大议题时，能够在衣带整齐、执笏端正的风度下，不动声色地把天下治理得像泰山一样的安稳，真可以称得上是保护社稷的大臣啊。他的丰功伟业，应该刻在钟鼎之上，谱写于琴弦乐歌之中，这都是国家的光荣，不仅仅是乡里的荣誉啊！

不越雷池一步

【成语释义】

比喻不能逾越某个防线或一定的界限；也用来表示要严守岗位，不能超出规定的职责范围。雷池：古时雷水向湖北黄梅县东流，经安徽宿松至望江县，积成一个湖，名为雷池。

【典故出处】

东晋庾亮《报温峤书》。

【成语故事】

庾亮是东晋颍川鄢陵（今河南鄢陵）人，字元规。他曾在元帝、明帝、成帝三朝做官。公元325年8月，庾亮拥立成帝司马衍即位，任中书令，执掌东晋王朝的实权，便派温峤去守江州（今江西九江一带）。不久，苏峻、祖约兴兵作乱，进攻京都建康（今南京市），温峤想带兵离开江州，越过雷水到当时的京都去参与平叛。庾亮知道这个消息后，便写信给温峤，让他不要轻易离开江州的防务。信中写道：『吾忧西陲，过于历阳，足下无过雷池一步也。』

陲：边界；历阳：古县名，今安徽和县；足下：古时朋友间的尊称，此处指温峤。

这段话的意思是：我担心西边的防线，胜过历阳。请你坐镇原防，不要带兵越过雷池一步。

后来，形势发生了变化，庾亮又到了浔阳（今江西九江市），会同温峤和荆州刺史陶侃，一举歼灭了苏峻、祖约叛乱势力。

根据这个故事，后来人们便引出了『不越雷池一步』。

水落石出

【成语释义】

比喻事情的真相终会明白。

【典故出处】

苏轼《后赤壁赋》。

【成语故事】

苏轼被贬到黄州（今湖北黄冈）后，公元1082年7月曾到黄州城内赤壁矶（也名赤壁）游玩写了《前赤壁赋》。事隔三个月，他又同朋友们来到这里游玩。

那是公元1082年旧历十月十日这天，他从『东坡雪堂』（今湖北黄冈东面）出发，在两位朋友的陪同下要回到临皋（今临皋亭，在黄冈南，长江边上）住所去。这时已是初冬下霜降露的时节，树叶子几乎掉光了。苏轼抬头望着凌空皎洁的月亮，人影映在地上，再环视四周的景色，不禁高兴地同朋友们边走边吟咏着诗句。忽然间，苏轼感叹地说：『有客没有酒，有酒又没有菜，而月亮这么皎洁，风儿这么清爽，怎样来度过这美好的夜晚呢？』一位客人回答说：『傍晚的时候，我撒网捕到了一条鱼，可以做菜，可是没地方弄酒啊！』后来还是苏轼回家向妻子求救取来了酒。于是他们拿着酒和鱼，又来到赤壁游玩。他们来到江边，只见此时的赤壁：『江流有声，断岸千尺；山高月小，水落石出。曾日月之几何，而江山不可复识矣！』

断岸：陡峭的山壁；日月：指时间；几何：没多久。这段话的意思是：此时的赤壁啊，江水依然哗哗地流着，两岸的悬崖绝壁，高达千尺。因为山高，月亮就显得小了；因为水位下降，河里的石头都显露出来。回想起上次游玩的情景，苏轼不禁感叹地说：『才过了多少的日子，江山的面貌改变得让人认不出来了！』

在这里，苏轼实际上是借当时赤壁矶的自然景色，发泄自己对推行王安石新法的不满和嘲弄。

水深火热

【成语释义】

比喻生活和处境极端痛苦和恶劣。

【典故出处】

《孟子·梁惠王下》。

【成语故事】

战国时期的思想家、政治家和教育家孟子，曾多次到齐国与齐宣王探求治国之道。在政治上，孟子反对武力兼并，认为只有『不嗜杀人者』方可统一天下。并极力主张『法先王』『行仁政』。有一次，齐国趁燕国国内众大臣相互攻伐，给老百姓带来深重灾难，派兵攻打燕国，在燕国老百姓的支持下，很快取得胜利。齐宣王想占领燕国，便问孟子这样做行不行。孟子便趁机又宣扬他的『行仁政』的说教，他说：『燕国不比齐国弱小，它为什么会被齐国打败呢？是因为燕国统治者的压迫引起了燕国人民的不满，为了摆脱苦难，所以才来欢迎您的正义之师。大王您如果能有一套让人民信任的办法，让燕国人民都接受您的这一套办法，那么就可以占领燕国。要不然的话，燕国人民就会感到比以前更加痛苦，「如水益深，如火益热」。这就像是掉进水中，会越陷越深；又像遭到火灾，烧得就会更加厉害。这样，纵然您能占领一时，也不能持久。』

根据这个故事，后来人们就把『如水益深，如火益热』简化为『水深火热』。

水滴石穿

【成语释义】

比喻尽管力量很微弱，只要坚持不懈，就能做出看来很难办到的事情。

【典故出处】

宋代罗大经《鹤林玉露》。

【成语故事】

宋朝时候，有一个叫张乖崖的人，当上了崇阳县（今属湖北）县令。有一天，县衙里有个管理钱库的小官，下班回家时，别人从他的头巾里发现了一文小钱。张乖崖知道了，便把他抓了起来，施以杖责。这个小吏不服，问道：『我只拿了一个小钱，有什么了不得的，你为什么要打我？难道你能把我处死？』张乖崖一听，见这个小吏态度不好，更是火冒三丈，便拿起笔判了他一个死罪，在判决书上写了这样一首小诗：

一日一钱，千日一千。

绳锯木断，水滴石穿。

意思是：一天盗一文钱，千日就是一千文。如果长此以往，岂不是麻绳也能把木头锯断，屋檐流下的水滴，也能把石头滴穿吗？杀！

这个小吏终于被杀了。

这位张乖崖凭推论判案、量刑，草菅人命，固不可取。但就一般而论，『绳锯木断，水滴石穿』这句话，又有发人深省之处。所以，人们便由此引出了『水滴石穿』，亦作『滴水穿石』。

无人问津

【成语释义】

比喻没有人探求或过问。

【典故出处】

东晋陶潜《桃花源记》。

【成语故事】

《桃花源记》是陶潜晚年写的《桃花源诗》前面的序言。他借助当时民间传说，在序里描绘了一个武陵渔夫捕鱼迷路，步入了一个没有君主、没有压迫和剥削的理想社会——世外桃源。那里的人们都过着安宁、自给自足的生活。这位渔夫回来后，把自己在世外桃源里看到的一切情况都报告了太守。太守立即派人跟随他去寻找这地方，结果再也找不到了。接着，文章又写道：

南阳刘子骥，高尚士也。闻之，欣然规往。未果，寻病终，后遂无问津者。

南阳：郡名，今河南南阳市；高尚：清高；刘子骥：名驎（lín）之，是当时的一位隐士；规往：计划要去；未果：没有实现；问津：问路，这里指求访。

这段话的意思是：南阳有个刘子骥，是位清高的隐士。他听说这件事后，就兴致勃勃地计划去寻访。结果没去成，不久就病死了。从此以后，就再也没有人去访求桃花源了。

后来，『遂无问津者』被引申为『无人问津』。

见怪不怪

【成语释义】

指遇见怪异现象而不惊异。

【典故出处】

宋代洪迈的《夷坚三志·姜七家猪》。

【成语故事】

宋朝的时候，某城有个叫姜七的人，开了一家旅店，接待过往客商，也代销一些货物。

一年春天，姜七常常听见后院那边隐隐传来悲切的声音，但到那里去张望，又一无所见。次数多了，他也不以为然。

过了两个月，有五个客商到他的店里居住。当天夜里，五个客人都听到了悲切的哭声。他们一一起床，到了后园，发现哭声是从附近的猪圈里发出来的。走到那里一看，见是一头老母猪在哭泣，便争相问道：『你这畜生，为何半夜里在此作怪？』

说来也怪，那老母猪竟然口出人言道：『列位不知，我本是姜七的祖母啊！我生前以养母猪为业，等产下猪仔后便卖掉，一年卖掉的多有数百头，靠此撑起了家业。我死之后受到了惩罚，投生为猪，如今真是懊悔啊！』

第二天一早，客商们把这件怪事告诉了姜七，并规劝他好生养那老母猪。姜七不以为然地说：『畜生的话怎能相信？两个月前我就觉察到这件怪事了。见到怪异的事不惊怪，这个怪便会自己败坏，你们不必大惊小怪。就算它是我祖母投生的，又怎么样？随它去吧！』

客商们还是劝他好生奉养那头老母猪，姜七不屑再听，反跟其中一位客商争吵起来，闹得大家不欢而散。

过了两天，姜七突然患病。他怀疑是那头老母猪在作怪，便叫屠夫把它杀了卖掉。

不料，姜七的病越生越重，到了不可救药的程度。临死时，他发出猪被杀一样的叫声。

见物思迁

【成语释义】

看见别的事物，就改变原来的主意。谓意志不坚定，喜爱不专一。亦作『见异思迁』。

【典故出处】

《国语·齐语》。

【成语故事】

春秋时代，齐国的相国管仲为国家的强盛做出过重要贡献。有一次，齐桓公思考国事时，问管仲：『怎样才能使民众安居乐业，使大家都能做好自己所从事的工作？』

管仲思考片刻，先讲了什么是民众，他把士农工商作为国家的基本民众。他提出这四个行业的人最好能按所从事的行业分开居住，使他们便于学习本专业的技能，也便于相互学习和交流。这对于从事各行业的后代也有好处，因为他们可以从小就了解和熟悉这门行业，而且也可以使他们安心于各自的行业，而不会『见异物而思迁』。这句话的意思是：不要因见到别的事情而放弃自己熟知和掌握的行业。

太岁头上动土

【成语释义】比喻胆大妄为，自取灾祸。含有讽刺意味。

【典故出处】《史记·天官书》。

【成语故事】太岁就是木星，木星绕太阳公转一次需十二年，比地球上的一岁大十二倍，故称『太岁』，我国古代星象家把木星的轨道按十二地支划分为十二方位，每年一轮换。如1990年是庚午年，就叫『太岁在午』。

传说木星所在的方位是不吉利的，是『凶』方，朝着这个方向动土建筑，就要遭殃。《史记》里最早有上大于『太岁』的记叙，东汉王充《论衡》中也有『抵太岁凶，负太岁亦凶』之说，就是说正对着太岁方位不吉利，正背着太岁方位也不吉利。

少见多怪

【成语释义】因为少见，所以多怪。讥讽见闻太少、遇到很普通的事都要大惊小怪的人。

【典故出处】东汉牟融《牟子》。

【成语故事】

有一个人，从来没有见过骆驼，也根本不知道有骆驼这种动物。一天，他偶然看见一头牲口，背上长着好大两个肉疙瘩，觉得非常奇怪，不禁大声叫道：『啊哟，大家都来看呀！瞧这匹马，他的背肿得多高。』其实那就是骆驼。骆驼的本身，并没有什么可奇怪的，只不过这人没有见过，才觉得奇怪罢了。

后来，东汉的牟融在他的《牟子》一书中说：『谚云：少所见，多所怪，睹骆驼言马肿背。』

五画

包藏祸心

【成语释义】

比喻藏着坏打算。祸心：害人之心。

【典故出处】

《左传·昭公元年》。

【成语故事】

春秋末期，公元前541年，楚国的公子围（即后来的楚灵王）要迎娶郑国的公孙段氏为妻。楚国是南方的大国，郑国是与它毗邻的小国，郑国想同楚国搞好关系，所以郑国的大夫公孙段就将女儿许给公子围。但是，没想到公子围去郑国迎亲的时候，却带着将军伍举等许多兵马。这一来，郑国国君郑简公，反而害怕起来了：迎亲就迎亲，为什么要带这么多的兵马来呢？他与执政大夫子产（即公孙侨）一合计，便决定不让公子围等住进城里来，并派负责接待客人的官吏子羽去见公子围，婉言辞谢说：『郑国是小国，都城很小，城里住不下这么多的人，你们就住在城外吧！』

公子围听了很不高兴，就派太宰伯州犁去对子羽讲：『我们的国君十分重视这次迎亲，如果不让我们进城去住，那么，将是对我们的羞辱。』子羽回答说：『小国无罪，恃实其罪；将恃大国之安靖己，而无乃包藏祸心以图之。』意思是：我们郑国是小国，算不得什么过错。正因为国家小，本来是要靠大国的保护才有安全。如果你们以迎亲为名，心里藏着坏主意暗中算计我们，那我们也不会任人摆布啊！

公子围眼看着自己要以迎亲为名，乘机袭击郑国，以便逼着郑国就范的打算，被郑国看出来了，只得放弃了原来准备出其不意地偷袭的计划；但又要维护自己的面子，仍坚持要到城里去迎婚，不肯在郊外举行婚礼，不过，也答应按郑国的要求：楚兵一律倒挂弓衣和箭袋（以示不带武器），然后才许入城。

根据这个故事，后来人们便引出了『包藏祸心』。

扑朔迷离

【成语释义】

原形容男女难辨认；现多来形容事情模糊不清，不易辨别真相。

【典故出处】

北朝乐府《木兰辞》。

【成语故事】

《木兰辞》这首长诗，有声有色地叙述了一个千百年来一直为我国人民所传颂的动人故事——木兰女扮男装代父从军。过去，关于木兰的姓氏和乡里，不仅说法各不相同，就连是否确实真有其人，也都没有定论。但这个故事和诗大约产生于北魏。因为，在公元407年至493年之间，北方的鲜卑族政权北魏与居住在今内蒙古自治区和蒙古人民共和国境内的柔然族，曾发生过多次大的战争。而且当时那里的女子又多善弓马，诗中提到的黑山、燕山等地，又正好是当年双方的战场。这首诗很可能是以这些战事为背景创作的。

这首叙事长诗，首尾完整地讲了这样一个故事：古时，有一个淳朴善良、勤劳果敢的木兰姑娘。一天，当她正在家里织布，忽然上面传下命令：外族打来了，皇上下令征召在役男子入伍出征。木兰的父亲虽然年岁已高，也在应征之列。这位热爱祖国、孝敬父母的木兰，毅然女扮男装代父从军。在艰苦转战中，木兰虽然立下了许多的功劳，战事也胜利结束了，但她热爱家乡的和平生活，鄙弃利禄，不愿接受封赏，要求还乡劳动。当她回到家乡与家人欣喜团聚，脱掉戎装，换上旧时的衣服，走出堂来时，诗写道：

出门看火伴，火伴皆惊惶。

同行十二年，不知木兰是女郎。

火伴：指同行的士兵，古代军队编制五人为列，二列为火，共一火炊煮，故称同火者为火伴；惊惶：惊得发呆了。

这四句诗的大意是：当木兰脱掉士兵服，穿上旧时的女装，走出堂来与同行士兵相见时，大家都惊呆了。他们朝夕相处了十二年，还不知道木兰是女郎。

接下去，这首叙事诗最后写道：

雄兔脚扑朔，雌兔眼迷离。

双兔傍地走，安能辨我是雄雌！

扑朔：两脚乱爬搔；眼迷离：两眼眯缝着；傍地走：在地上跑。

这四句诗的大意是：雌兔与雄兔只从外表看，难以分辨。只有当它们不走不跑的时候，才好辨别。这是因为，雄兔好动，两只脚总爱不停地乱动；雌兔好静，一停下来就爱眯缝着眼。可是当它们在一起奔跑的时候，或雌或雄就不易分辨了。

巧取豪夺

【成语释义】

比喻以强制或欺骗的办法，得到自己不应得到的财物、权力等。巧取：用花招、花言巧语等骗取；豪夺：用强力夺取。

【典故出处】

《清波杂志》。

【成语故事】

北宋时候，有一位大书法家、大画家米芾（fú），他的画很受群众喜爱。他的儿子米友仁，在父亲的培养教育下，也能画善书。米芾尤其喜爱古书古画。有一次，他在外面游玩，在别人的船上看见了王羲之的墨迹，简直爱得如痴如醉，想以自己精心制作的一幅画作交换，非要让主人给他。主人不应允，他急得大喊大叫，蹭着船舷就想往水里跳，幸亏别人拉住了他，才没有闹出乱子。

米芾父子收藏古字古画，还有一个本领就是——临摹。他们千方百计向别人借来真品，然后自己下功夫模仿，精心制作成后，再把真品和摹品同时拿去让主人挑选，由于他模仿的技术高超，主人就往往把摹品当真品收回去了。

有一回，米芾又从别人那里借了一幅唐朝戴嵩的《牧牛图》。后来，他就把真品留下，拿摹品退给原主，当时这位主人也没有看出来，拿着就回去了。过了一段时间，主人才来找他要真本。米芾装着不解地问他，你怎么辨别哪是真本，哪是摹本。那人回答说：真品中的『牛』的眼睛里有牧童的影子，而你还我的这幅就没有嘛。日子一久，人们认为米芾家墨迹珍品，是『巧取豪夺，故所得多多』。

瓜田李下

【成语释义】

比喻处于容易引起嫌疑的位置。

【典故出处】

古诗《君子行》。

【成语故事】

君子防未然，不处嫌疑间；

瓜田不纳履，李下不整冠。

君子：古时正直、有德行的人；纳：穿；履：泛指鞋子；冠：帽子。

这四句诗的大意是：君子应该处处检点自己的言行，特别是对于那些容易引起嫌疑的事情，从人家瓜地边经过，即使自己的鞋子脱落了，也不要弯下腰去穿它，要不然人家会疑心你要偷瓜；在人家果实累累的李树下经过，即使把帽子碰歪了，也不要抬起手去扶正它，要不然别人会疑心你要偷李子。

南北朝时候还有这么一个故事：北齐人袁聿修，为官清正，他当了十年尚书郎，从未接受过别人的馈赠，被人称为『清郎』。有一年，袁聿修奉命去各地巡视，经过兖州时，他在那里当刺史的一位朋友，硬要送一些白绸子给他留作纪念。袁聿修说啥也不接受，在给朋友的辞谢信中说：『今天我路过这里，非比寻常。这次我是出来巡视民情，考察官吏的，你虽是我的好朋友，但礼物说啥也不能收。这正像一个人路过瓜田和李树下一样。如果在瓜田提鞋，在李树下整冠，都有偷瓜摘李的嫌疑。希望你能理解我的心情。』

半途而废

【成语释义】

比喻做事有始无终，没有做完就停下来了。废：停止。

【典故出处】

《礼记·中庸》：『君子遵道而行，半途而废，吾弗能已矣。』

【成语故事】

《后汉书·列女传》载有一个故事：东汉时候，河南（郡名，今河南洛阳市一带）有一个叫乐羊子的读书人。他的妻子是一个非常贤德、勤奋的人。有一次，乐羊子在路上拾到一块金子拿回家给妻子，妻子说：『我听说过，有志气的人不喝盗泉（泉名，在今山东泗县，据记载，孔子过盗泉，渴而不喝盗泉的水，因为憎恶它的名字）的水，方正的人不接受不敬的施舍，何况拾到别人的东西而带回自己家里，更是一种不好的行为。』

乐羊子听说后，很惭愧，于是把拾到的那块金子放回到原处，而后就离开家乡到远方拜师求学去了。

可是，只过了一年乐羊子就回来了。他的妻子惊讶地问他为什么这么快就回来了。乐羊子说：『久行怀思，无它异也。』意思是：我外出的时间长了，很想念你，没有别的什么意外的事情。乐羊子妻听罢，就拿起一把剪刀，快步走到织布机跟前说：『此织生自蚕茧，成于机杼。一丝而累，以至于寸，累寸不已，遂成丈匹。今若断斯织也，则捐失成功，稽废时日。夫子积学，当「日知其所亡」以就懿德；若中道而归，何异断斯织乎？』

机：织布机；杼：织布的梭子；稽：迟延；夫子：古代妇女对丈夫的尊称，这里指乐羊子；亡（wú）：还没有知道的；懿：美好。

这段话的意思是：你看，这布的原料是蚕茧，由织布机和机梭一丝一丝地把它编织起来，日积月累才能织出成寸、成尺、成丈、成匹的绢布。如果现在一剪刀把它剪断了，就白费了许多时间，就会失去成功的机会。你在外求学也是这样的，每天都应当学到自己所不知道的东西，用以成就你的美好的德行。如果半途而废，岂不与拿剪刀剪断织布机上的丝线一样，要前功尽弃的吗？

乐羊子听后很受感动，又立即动身出外求学，这一去整整七年没有回家，终于修完了自己的学业。

正襟危坐

【成语释义】

原指整一整衣服，端端正正地坐着；现多用来形容恭敬严肃的神态。正：整理；襟：衣襟；危坐：端坐。

【典故出处】

北宋苏轼《前赤壁赋》。

【成语故事】

苏轼第一次游览黄冈赤壁矶，那是公元1082年7月16日。这天，他与友人一起泛舟江上，微风慢慢地吹来，江面显得很平静。他们一边饮酒，一边吟诵着曹操的《短歌行》和《诗经·陈风·月出》中的诗句。大家玩得兴起，直到月亮从东边山上升起很高了，仍在开怀畅饮，并不断地敲着船舷唱着歌。朋友中有一位会吹洞箫，他按照歌子的声调曲拍吹奏了起来，那箫声呜呜然，像在怨恨，又像在思慕；像在哭泣，又像在申诉……

这箫声，无疑也使得苏轼产生了许多联想。『苏子愀然，正襟危坐，而问客曰：「何为其然也？」』愀（qiǎo）然：惆怅，忧愁凄凉的样子。这段话的意思是：我不免有些惆怅起来，整理好衣襟，端正地坐着，问那位吹箫的朋友：你为什么要吹得这样悲凉呢？

原来，这位朋友是在哀叹人生的短促而又十分渺小，羡慕长江流水无穷无尽，故只得借箫声来表达自己悲凉的感情。

叱咤风云

【成语释义】

形容声势浩大，可以左右整个局势。叱（chì）咤（zhà）：呼喝。

【典故出处】

唐代骆宾王《为徐敬业讨武曌檄》。

【成语故事】

《为徐敬业讨武曌檄》，作于公元684年（武则天光宅元年）9月。当时武则天（即武曌，初为太宗『才人』，太宗死后被高宗召为嫔妃，并立为皇后。中宗即位，开始临朝专制）废掉刚刚即位几个月的中宗，准备自立，大肆杀戮李唐子孙，统治阶级内部新旧势力的斗争非常尖锐。这年七月，被贬为柳州司马的徐敬业，于扬州起兵反对武则天。徐敬业，是唐朝开国功臣徐懋功的长孙，曾任太仆少卿、眉州刺史，后贬为柳州司马。徐敬业的祖父，因辅佐唐太宗建立唐朝有功，封为英国公，并赐姓李。所以，徐又称李；徐敬业，也作李敬业。徐敬业起兵后，自称匡复府上将，以骆宾王为文艺令。这篇檄文就是骆宾王替他写的。

檄文，是一种以指责所要讨伐的敌人为目的，以孤立敌人，争取支持的文书。这篇檄文有三个自然段，第一段对武则天的政治面目和私生活进行了无情的揭露，并列为罪状公之于世；第二段则着重描绘了徐敬业赏功罚罪，大义凛然，群情激奋，充满必胜信心；第三段是对皇亲国戚，内廷重臣，发出支持反武起兵、共同扶助皇室的号召。

其中，在写徐敬业起兵讨伐武后，那大义凛然、气壮山河的声势，充满必胜的信心时，有这样一段话：『海陵红粟，仓储之积靡穷；江浦黄旗，匡复之功何远？班声动而北风起，剑气冲而南斗平。喑呜则山岳崩颓，叱咤则风云变色。以此制敌，何敌不摧？以此图功，何功不克？』

海陵：今江苏泰州姜堰，唐属扬州，汉吴王刘濞曾置仓积粟于此；红粟：陈年的粟，因囤积时间久而变红；靡穷：没有穷尽；班声：马叫声；喑呜：怒气郁积，缄默无声；克：完成。

这段话的意思是：海陵的粮食储备，多得无穷无尽；江浦一带，黄旗紫盖，预示着匡复天下的大业，不会很久了。马声长鸣如北风骤起，宝剑寒光冲天灿若明亮的南斗。怒气一冲，能使山岳崩摧；一声呼喝，可使风云变色。用这样的军队对付敌人，什么样的敌人都能被打败；用这样的军队建立功业，什么样的功业不能成就！

徐敬业兵败后，骆宾王下落不明。一说被杀，一说出家为僧。他和杨炯、卢照邻、王勃号称文坛『初唐四杰』。

后来，『叱咤则风云变色』被简化引申为『叱咤风云』。

乐极生悲

【成语释义】

说明欢乐之极，常会招致悲伤之事。

【典故出处】

《淮南子·道应训》：『夫物盛而衰，乐极则悲。』

【成语故事】

《史记·滑稽列传》载有一个故事。战国时期，齐国有一个叫淳于髡（kūn）的人，是齐国的外交人才，齐威王都称他先生，对他相当尊重。淳于髡是个关心国事、对君主的缺点或过失敢于进谏的忠贞之士。但淳于髡进谏时，十分注意方法和效果，不采取容易得罪君主的直谏的办法，多采用讽喻来进谏。因而，他向齐威王讽谏了三次，都收到了好的效果。

第一次，是齐威王执政之初，通夜喝酒，不理朝政，淳于髡用隐语进谏，把齐威王比作三年不飞又不鸣的大鸟，逼着齐威王振作起来，革新朝政，使齐国变弱为强。第二次，是在公元前349年（威王八年），楚军压境，齐威王派淳于髡到赵国去请救兵，给他金百斤，车十辆。这样的外交使节，在当时来说是很寒碜的，难以达到求救的目的。淳于髡怕得罪威王，不便向他提出更多要求，于是采用讲寓言的方式来进谏，也收到了好的效果。第三次，是紧接前次，淳于髡到赵国以后，说服了赵王，请来赵兵十万，战车千乘，吓退了楚兵之后，齐威王高兴地召淳于髡到后宫饮酒。淳于髡见齐威王通夜喝酒的老毛病没有完全改掉，就在饮酒时进行讽谏。

齐威王问淳于髡，说：『先生能饮几何而醉？』意思是：你喝多少酒才能醉呀？
淳于髡回答说：『我喝一斗也醉，喝一石（十斗为一石）也醉。』
齐威王被弄得莫名其妙，又问：『你喝一斗就醉了，怎么能够喝得了一石呢？』
淳于髡解释说：『赐酒大王之前，执法在傍，御史在后，髡恐惧俯伏而饮，不过一斗径醉矣……男女同席，履舄交错，杯盘狼藉，堂上烛灭，主人留髡而送客，罗襦襟解，微闻芗泽，当此之时，髡心最欢，能饮一石。故曰：「酒极则乱，乐极则悲」，万事尽然。』
履：鞋子；舄（xì）：木底鞋；履舄交错：男女靴鞋满地错杂；狼藉：纵横散乱；罗襦：女人的服装；襟：衣襟；解：解开；芗：同『香』。
这段话的意思是：喝多少酒，是由场合和心情确定的。如果大王赐酒，又有大臣相陪，我心里惊恐，俯首伏地而饮，那么喝一斗也就醉了。如果无拘无束，男女混杂，行为又很放荡，心里最欢乐的时候，就能够喝一石。所以古话说：『酒喝过了分，行为就失去了控制；欢乐过了分，便会招致悲伤之事。』什么事情都是这个道理啊！
齐威王听了淳于髡这番话，说：『好！你说得太好了。』从此就不再通夜喝酒了。

乐此不疲

【成语释义】

比喻对于自己爱好的事情，即使占用的时间再长或耗费的精力再大，也不觉得疲倦。乐：兴趣；

不疲：不觉得疲倦。

【典故出处】

《后汉书·光武帝纪下》。

【成语故事】

西汉末年，王莽篡位，改国号为『新』。新王朝建立后，倒行逆施，比西汉王朝还腐败，弄得人民更加没法生活下去了。所以不久便爆发了全国性的农民大起义。

这时，西汉皇族、南阳人刘秀也乘机以恢复汉室为号召，起兵与农民起义军配合，共同反对新王朝。刘秀作战勇敢，常常身先士卒，冲锋陷阵，大家都很拥护他，昆阳（今河南叶县）一战，就消灭了敌军四十万，大大削弱了新王朝的实力。又经过几年征战，终于平定天下，建都洛阳。因洛阳在西汉都城长安的东面，史称东汉，又称刘秀为汉光武帝。

刘秀当了皇帝后，决心中兴汉室，十分注意吸取历史上、特别是西汉治乱兴衰的经验教训，比较注意关心民间疾苦，改革弊政，废除苛法，安定社会秩序，鼓励恢复发展生产，使汉朝又重新强盛起来，人民生活也有了改善。

到了晚年，刘秀仍然勤奋于国事。直到他六十多岁时，仍然天不亮就坐朝，日头偏西才回宫。他带头读经论典，有时与公卿郎将，谈史论经，直到深夜。

太子刘庄，见父皇偌大年纪，还这样勤劳，就劝他说：

『你终日忙碌，将会损害身体，可不要再黎明临朝，半夜就寝了。』

刘秀听了，不以为然地摇摇头，笑着说：『我自乐此，不为疲也。』意思是：我喜欢这样做，所以不觉得疲倦呀！

后来人们把『我自乐此，不为疲也』简化成『乐此不疲』。

乐不思蜀

【成语释义】

比喻乐而忘返或乐而忘本。乐：欢乐，快乐；蜀：指三国时蜀汉。

【典故出处】

《三国志·蜀书·后主刘禅传》。

【成语故事】

三国末期，魏国掌握实权的晋王司马昭派遣大将邓艾攻打蜀国。于公元263年攻下绵竹，大军直逼成都，昏庸无能的蜀汉后主刘禅反绑双手，带着棺材，率领百官来到邓艾军前请降，蜀国从此灭亡，刘禅因此被迫迁往魏国的都城洛阳去居住。

有一天，司马昭设宴款待他，先用魏乐舞戏于席前。随来的蜀国官吏看了，想到国亡家破，个个感伤，唯独后主面有喜色，和没有事儿一样。接着，司马昭又令蜀人表演蜀汉地方的歌舞。蜀国的旧臣尽皆落泪，只有刘禅却嬉笑自若，毫无亡国之痛。

司马昭见此情景，就低声地对大臣贾充说：『真没想到刘禅竟会糊涂到这种地步，即使诸葛亮还活着，也不能辅佐他把国家保住，更何况姜维哩！』

又过了一会儿，司马昭又问刘禅：『你还想蜀国吗？』刘禅高兴地回答说：『此间乐，不思蜀。』意思是：住在这里，我感到很快乐，不再想蜀国了。

这件事被刘禅以前的臣子郤（xì）正知道了，就跑去见刘禅说：『要是晋王以后再问你想不想蜀国，你应该说：先人的坟墓都在蜀地，我没有一天不思念四川啊！说完以后，应该悲痛地流下眼泪来。这样或许有可能返回蜀地。』

后来，司马昭果然在另一次宴会席间，又问刘禅想不想蜀国，刘禅照着郤正教他的话说了，但想哭却硬是挤不出泪水来，无可奈何只好把眼睛闭起来。

司马昭见刘禅这副怪样，知道刘禅自己说不出这样的话来，就故意问道：『你的话，怎么很像郤正说的呢？这是郤正教你说的吧！』

刘禅听到这一问，吃了一惊，连忙睁开眼望着司马昭说：『正像您说的，这话真是郤正教给我的。』

周围的人听了，忍不住哈哈大笑，对这个只顾玩乐、昏庸笨拙的阿斗充满了耻笑之意。

根据这个故事，人们把刘禅的『此间乐，不思蜀』简化成『乐不思蜀』。

付之一炬

【成语释义】

多用来指一把火全烧光了。付：给；之：代词，它；炬：火把。

【典故出处】

唐代杜牧《樊川文集·阿房宫赋》。

【成语故事】

杜牧，字牧之，唐代京兆万年（今陕西西安市）人。他出生于世代官僚地主家庭，唐文宗大和二年（公元828年），二十六岁的杜牧考中进士，官至中书舍人。杜牧生活在晚唐时期，当时的唐王朝处在深重的内忧外患之中，他很想有一番作为，所以认真研究时政，总结历史上『治乱兴亡之迹』，企图恢复盛唐的繁荣局面。

可是那时候的唐王朝的最高统治者，骄奢淫逸，不思进取，浪费和挥霍民财，大修宫室。杜牧因此作《阿房宫赋》，假借秦事以讽刺唐敬宗，如果一味贪图享乐，就会重蹈秦朝的覆辙。

阿房宫是秦王嬴政于公元前212年统一六国后，在西安市西北渭水南面的阿房，修建的一座宏伟而华丽的宫殿。但未及完工，秦始皇就死了，后人便称之为阿房宫。杜牧在这篇赋里以铺叙、夸张、想象的笔法，具体描写了阿房宫华丽的建筑，对封建统治者的荒淫享乐给予揭露，并指出这就必然带来灭亡的后果。

《阿房宫赋》在大部分是通过想象描写了它的富丽堂皇和宫人们豪华奢侈的生活后，接着又写了这么几句：

独夫之心，日益骄固。戍卒叫，函谷举，楚人一炬，可怜焦土！

独夫：指丧失民心的暴君，这里指秦始皇；骄固：骄傲，骄横顽固；戍卒：指陈胜、吴广领导的数百守边征夫；举：攻克；函谷：指函谷关，在今河南灵宝东北。

这段话的意思是：秦始皇这个独夫的心一天比一天骄横顽固。于是陈胜、吴广等戍边的士卒振臂一呼，刘邦一举攻破了函谷关，楚国人项羽的一把大火，可惜那阿房宫就变成了一片焦土！

后来，『楚人一炬，可怜焦土』这句话，被引申为『付之一炬』。

去伪存真

【成语释义】

比喻除去虚假的，留下真实的。伪：假的；存：留下；真：真实的。

【典故出处】

《吕氏春秋·任数》

【成语故事】

孔子带着弟子周游列国时，在去陈国和蔡国的路上，断了粮，好几天没吃上饭，有时甚至连野菜汤也喝不上。孔丘实在饿得没有办法，大白天也躺在床上。

孔丘的弟子颜回四处去乞讨，终于弄来了一点米，忙着煮饭给老师吃。等到饭刚好煮熟的时候，孔子在床上望见，颜回从锅里抓了一把饭往嘴里一塞，吃下去了。孔子把头掉过去，假装没有看见。过了一会儿，颜回把饭送来了，孔丘站了起来，说：『颜回啊，我今天梦见了我死去的父亲，饭要是干净的话，我要祭奠他。』

颜回听了，连忙回答说：『不行啊，这饭不干净了。刚才有点柴火灰掉进了锅里，我看扔掉了可惜，便把它抓来吃掉了。』

孔丘心里对自己错怪了颜回很过意不去，就对弟子们说：『所信者目也，而目犹不可信；所恃者心也，而心犹不足恃。弟子记之：「知人固不易矣！」』意思是：过去我信任的是眼睛，可是眼睛也不是可以完全信赖的；所依赖的是自己的心，看来心也不完全依靠得住。弟子们要记住：认识和了解一个人、一件事，都是很不容易的。

孔丘的体会确实有道理，要正确地认识一个人、一件事，光凭感觉器官是很难做到的。这里就需要一个去伪存真、去粗取精的调查研究过程。

四面楚歌

【成语释义】

比喻孤立无援、四面受敌的窘境。四面：指东南西北各个方面；楚歌：楚人的歌曲。

【典故出处】

《史记·项羽本纪》。

【成语故事】

楚汉相争的时候，起初项羽兵多将广，实力居优势。但是刘邦知人善任，长于计谋，因此经过几年战争，势力一天天强大，最后竟打得项羽节节败退。

公元前202年12月，项羽败退到垓下（今安徽省灵璧县东南），被汉军团团围住。这时项羽兵微将寡，粮草已尽。一个严冬的深夜，他躺卧在营帐里，苦苦思索着如何摆脱眼前的困境，忽然听见四面包围他的汉军都唱起了楚国的歌曲，不禁大吃一惊，自言自语地说：『难道刘邦已经把楚地全占领了吗？为什么汉军里楚人这么多呢？』

项羽自觉大势已去，即刻起身，回营帐中饮酒。项羽非常宠爱一个姓虞的美人，时刻不离地将她带在身边；有一匹好马叫作骓，项羽也非常喜爱，经常乘骑。这时面对着他的妃子虞美人，看着他的良马宝骓，慷慨悲壮地唱起哀歌。歌词是他自己编的：

力拔山兮气盖世，

时不利兮骓不逝。

骓不逝兮可奈何，

虞兮虞兮奈若何？

歌词的大意是：力量可以拔山啊，浩气可以盖世，因为天时不利啊，骓也不能驰驱，骓不能驰驱啊，有什么法子？虞美人，虞美人啊！我该怎么把你安置呢？项羽反复唱了几遍，虞美人也随着和唱。项羽十分伤感，一行行热泪簌簌落下。他身边的人也都低声地哀泣，悲痛得不忍抬头再看项羽。

次日，项羽在突围南逃时，来到乌江江边，被迫自刎而死。

后来，这个故事被引申为『四面楚歌』。

四海之内皆兄弟

【成语释义】

表示天下的人都像兄弟一样。四海：指天下，全国。

【典故出处】

《论语·颜渊》。

【成语故事】

有一次，孔子的弟子司马牛向孔子请教怎样做君子。孔子对他说：『君子不忧愁，不害怕。』

司马牛不懂这话的意思，问道：『不忧愁，不害怕，就叫作君子了吗？』

孔子说：『君子经常反省自己，所以内心毫无愧疚，还有什么可忧愁、可害怕的呢？』

司马牛告辞孔子后，见到了他的师兄子夏。他忧愁地说：『人家都有兄弟，多快乐呀，唯独我没有。』

子夏听了安慰他说：『我听说过，一个人死与生，要听从命运的安排，富贵则是由天来安排的。君子对工作谨慎认真，不出差错；和人交往态度恭谨而合乎礼节。那么普天之下到处都是兄弟，君子何必担忧没有兄弟呢？』

四分五裂

【成语释义】

形容彻底分裂，支离破碎得不成样子。

【典故出处】

《战国策·魏策一》。

【成语故事】

战国时代，秦国的势力最为强大，其余六国曾采取苏秦的『合纵』政策，联合抗御秦国，秦相张仪则用『连横』政策，离间和分化六国的『合纵』，威胁和利诱六国一起依附秦国。

就在这个时候，张仪首先来到魏国访问魏王，当面会谈，分析六国之间的矛盾和魏国的利害得失，劝魏国趁早倒向秦国一边。他说：魏国南边是楚国，东边是齐国，西边是韩国，北边是赵国，要守住四方国境，可不容易，魏国随时有可能被四面包围，变成一片大战场。并说：『魏南与楚而不与齐，则齐攻其东；东与齐而不与赵，则赵攻其北；不合于韩，则韩攻其西；不亲于楚，则楚攻其南；此所谓四分五裂之道也！……为大王计，莫如事秦……』

这就是『四分五裂』一语的较早出处和它的原意。

四体不勤，五谷不分

【成语释义】

形容脱离生产劳动，脱离劳动群众；也用来泛指脱离劳动，脱离实际。四体：指人的两手两足；五谷：常指稻、黍、稷、麦、菽。

【典故出处】

《论语·微子篇》。

【成语故事】

《论语》是儒家学派的经典著作之一。西汉时，有三个版本：今文本《鲁论》和《齐论》及古文本的《古论》。今本《论语》为东汉人郑玄混合各本而成，全书共二十篇。它是孔子弟子及其再传弟子关于孔子言行的记录。内容有孔子的谈话、答弟子问及弟子之间的言论。

在《论语·微子篇》中记录有这样一件事：春秋末年，孔子带着学生周游列国，宣传他的政治主张。有一次子路在半路上掉了队，找不到孔子。这时他遇见一个用担杖挑着农具的老汉，便迎上去问道：『您看见过我的老师吗？』

那老汉回答说：『四体不勤、五谷不分，孰为夫子？』意思是：长着四肢不去劳动，五谷也分辨不清，哪算得什么老师？

老汉说完，便把担杖往地边一架，拿过锄草的农具，到地里锄起草来。子路却呆呆地拱手立在地旁。收工后，老汉邀请子路到他家去住宿，又杀鸡又做黄米糕给子路吃。第二天，子路辞别老汉，追上了孔子，并告诉他自己昨天遇到的事。

孔子听后，说：『这是一位隐士啊！』

对于故事中，那位老汉说的『四体不勤，五谷不分，孰为夫子』的话，究竟指的谁，历来有不同的说法，有人说是批评子路的，应译为：『我看你四肢不劳动，五谷分不清，路上这么多人，谁认得你的老师？』

也有人说是老汉在说自己，应译为：『我年纪大了，身体也不灵了，甚至连五谷也分辨不清，还能知道谁是你的老师吗？』但更多的人认为，这是讥讽孔子的。谢觉哉同志就曾有诗云：『丈人骂孔子，五谷不认识。』从整段文字的上承下合来看，后一种说法比较符合逻辑。

四海为家

【成语释义】

原意是帝王占有四海、统治全国；现用以形容可以安家扎根。四海：古人以为中国四面都有海环绕，故用『四海』代指全国各地。

【典故出处】

《史记·高祖本纪》。

【成语故事】

公元前201年，汉高祖刘邦率军东进，在东垣（古县名，治所在今河北正定县南）一带围歼韩王信叛乱军队的残余。

这时候，丞相萧何正在主持修建未央宫（西汉王朝的主要宫殿，建成于公元前200年，故址在今陕西西安市西北长安故城内的西南角）。宫殿修得相当的华丽、壮观，设有东阙、北阙、前殿，以及武器仓库和粮食仓库。高祖回来后，看见宫阙这么的壮丽，就生气地责备萧何说：『天下汹汹苦战数岁，成败未可知，是何治宫室过度也？』意思是：而今天下动荡不安，经过数年的苦战，成败还尚未见知晓，为什么要修建这么华丽的宫室？

萧何回答说：『天下方未定，故可因遂就宫室。且夫天子以四海为家，非壮丽无以重威，且无令后世有以加也。』

方：正因为，正是；定：安定；因：借此机会；加：超过，胜过。

这段话的意思是：正是由于天下还不安定，才可以借此机会修建宫室。因为天子要统治全国，没有华丽雄伟的宫室不足以显示威严，并且也可以不让后世的建筑超过它。

听了萧何的解释，刘邦才答应修建宫室。

后来，『且夫天子以四海为家』这句话，被简化引申为『四海为家』。

对酒当歌

【成语释义】

原指在歌宴之际有美酒有歌舞；后用来比喻沉迷于酒色之中。当：对着，亦可作『应当』。

【典故出处】

汉末曹操《短歌行》诗。

【成语故事】

《短歌行》这首诗艺术而形象地表达了诗人为了建功立业而思贤若渴的迫切愿望。传说此诗作于赤壁之战前夕，曹操与诸将聚会、宴饮之后，屹立江上，横槊（shuò，长矛，古代的一种兵器）赋诗。全诗四句一韵，共八韵三十二句。前两韵八句，感慨人生短促，抒发为收揽人才及时完成统一大业而忧愁思虑；中间四韵十六句描述了诗人对贤能之人的由衷思念；最后两韵八句，以典故做比喻，表达了诗人要像周公那样礼待贤才的决心。诗的前八句是：

对酒当歌，人生几何？

譬如朝露，去日苦多。

慨当以慷，幽思难忘。

何以解忧？唯有杜康。

几何：多少，这里是『少』的意思；朝露：早晨的露水，用以形容人生短促；去日：过去了的日子；去日苦多：痛惜已经过去的日子太多，含有伤感人命短暂之意；慨……慷：『慷慨』的间断用法，意指宴会上的歌声激昂慷慨；幽思：深藏着的心事，即『忧世不治』；何以：用什么；解忧：解除忧愁；唯：只；杜康：人名，善酿酒，后以此作酒的代称。

这几句诗的大意是：饮酒之时应当欢歌，人生毕竟是短促的。它像早晨的露水转眼间就消失，已经过去的日子太多让人感到痛惜。宴会上的歌声慷慨激昂，深藏在胸中的心事也难以忘掉。用什么来解除心中的忧愁呢，难道说就只有饮酒作乐吗？

白驹过隙

【成语释义】

像白色的骏马在缝隙间驰过，比喻时光过得飞快。白驹：白色的良马，比喻太阳。

【典故出处】

《庄子·知北游》。

【成语故事】

孔子和老子是同一时代人，老子稍长一些，学问很高，所以孔子非常敬重他。

一次，孔子专程去向老子请教什么是『至道』，老子要孔子斋戒沐浴，说道：『人的寿命是极为短暂的，好像白马驰过狭窄的空隙，一闪即逝。死是人从有形转化为无形，道即精神可以永远留在人世间。』

孔子谢过老子，回去细细地琢磨着这个道理。

白云苍狗

【成语释义】

比喻人世间的变化迅速，出人意料；也用来形容世事变化无常，难以捉摸。

【典故出处】

唐代杜甫《可叹》诗。

【成语故事】

这是一首勉励友人入京之作，大约作于大历二年末。诗开头四句是：

天上浮云似白衣，斯须变幻为苍狗。

古往今来共一时，人生万事无不有。

斯须：顷刻之间；苍狗：毛色青灰的狗。

这四句诗的大意是：天上的浮云好似一件清洁的白衣服，顷刻之间却又变成一只青灰毛的狗的样子了。自古以来都是这样，在人生的道路上形形色色的事儿无奇不有！

后来，『天上浮云似白衣，斯须变幻为苍狗』这两句诗，被简化引申为『白云苍狗』。

石破天惊

【成语释义】

比喻文章、议论或事态的发展出奇而且惊人。

【典故出处】

唐代李贺《李凭箜篌引》诗。

【成语故事】

《李凭箜篌引》这首诗是诗人听了李凭演奏的箜篌之后，运用浪漫主义的创作方法，以丰富的想象和艺术的夸张来比拟演奏的优美动人。这首诗构思奇特，使用神话传说也贴切自然。全诗共十四句：

吴丝蜀桐张高秋，空山凝云颓不流。
江娥啼竹素女愁，李凭中国弹箜篌。
昆山玉碎凤凰叫，芙蓉泣露香兰笑。
十二门前融冷光，二十三丝动紫皇。
女娲炼石补天处，石破天惊逗秋雨。
梦入神山教神妪，老鱼跳波瘦蛟舞。
吴质不眠倚桂树，露脚斜飞湿寒兔。

吴丝、蜀桐：今江苏一带产的丝，成都一带产的桐木，都是制作琴瑟一类乐器的好材料；张：意谓演奏；颓：堆积，云彩都为之凝结，形容音响取得异常的效果；江娥：即湘娥，传说中舜之二妃，舜南巡时死于苍梧，二妃赶至江边，痛哭流涕，泪洒青竹，染成斑点；素女：传说中的神女名，善鼓瑟；中国：即国中，这里指京都长安；昆山：即昆仑山，古时以产玉著名；十二门：古长安城四面有十二门；紫皇：指玉帝；女娲（wā）：神话中的上古女帝，曾炼五色石以补苍天；逗：引起；妪（yù）：古时老年妇女通称，这里指爱好音乐，善弹箜篌的成夫人；吴质：即神话中在月宫砍桂树的吴刚，他字质；寒兔：这里指月宫玉兔。

诗的大意是：在气爽天高的秋日里弹奏吴丝蜀桐制成的箜篌。这优美的乐曲升上天空，流云停步聆听；这优美的乐曲传遍江河，湘娥素女挥涕生愁。这是那技艺高超的李凭啊，在京城演奏的箜篌。它好像昆仑山的美玉碎裂，像凤凰放开了歌喉，像池里的莲花暗泣，像春日的香兰微笑。这声音使长安城融化了冷冷的清光，这声音把玉帝的心弦紧扣，这声音飞上女娲炼石补过的高天，惊落了那五彩石，引得那秋雨绵绵。

这声音仿佛传到神山，成夫人也被它迷住；这声音仿佛飘入湖海，老鱼也激动得跳波戏游。月宫中的吴刚听得出了神，倚着桂树彻夜不眠；玉兔听得着了迷，让露水把银毛湿透。

后来，『石破天惊逗秋雨』这句诗被简化引申为『石破天惊』。

甘拜下风

【成语释义】

说明自认不如，甘居下位，真心佩服。甘：情愿；下风：风向的下方，比喻下位。

【典故出处】

《左传·僖公十五年》。

【成语故事】

春秋时候，晋献公听信骊姬的谗言逼死太子申生，逼走公子重耳和夷吾。夷吾流亡国外后，为要取得秦国的支持，回国做国君，曾经允诺秦国等到事情成功之后，一定割出五个城池，作为酬谢。

公元前651年，晋献公死后，就由骊姬的儿子奚齐做国君，大臣里克杀死了奚齐；又由骊姬的另一个儿子卓做国君，里克又杀死卓。在晋国国内大乱的时候，夷吾在秦穆公的支持下，于公元前650年回到晋国当了国君，这就是晋惠公。

夷吾当了国君以后，没有履行割五座城池给秦国作酬谢的诺言。不久，晋国又歉收，国内缺粮，便派使臣到秦国买粮。秦穆公和大臣商量后，答应了晋国的要求，并派了不少人，把粮食送到晋国。可是，次年，却又赶上秦国的年成不好，秦穆公便派人到晋国商议买粮。这年虽然晋国是五谷丰收，晋惠公不仅不肯帮助，反而想趁机派兵侵犯秦国。

公元前645年（鲁僖公十五年），晋惠公果然派兵进犯秦国。秦穆公便亲自率军迎战。秦晋两军战于韩原（今山西芮城），晋军大败，晋惠公和大将韩简都当了秦国的俘虏。当秦穆公押着俘虏往回走的时候，晋国的大夫披头散发，跟在晋惠公的后面。秦穆公看见他们这般模样，便对他们说：你们为什么这样凄凄惨惨的，我这次带着你们的国君回国，不会把他怎样的。『晋大夫三拜稽首曰：「君履后土而戴皇天，皇天后土，实闻君之言，群臣敢在下风。」』意思是：晋国大夫们听了，连连作揖施礼，对秦穆公说：您踩着后土而顶着皇天，皇天后土都听到了您讲的话，我们甘拜下风，真心佩服。

后来，『群臣敢在下风』，被简化引申为『甘拜下风』。

发人深省

【成语释义】

比喻能启发人去深入思考从而有所醒悟。发：启发；省：检查，深思。

【典故出处】

唐代杜甫《游龙门奉先寺》诗：『欲觉闻晨钟，令人发深省。』

【成语故事】

《列子·说符》载有一个故事。战国时候，魏国有一个叫杨朱的人，字子居，人称杨子，是一个有学问的思想家。杨朱有一个弟弟叫杨布。一天清晨，杨布起了个早，穿上一件白布褂子出门去了。不一会儿，天就下了一阵雨，杨布脱掉淋湿的外衣，穿着里面的一身黑布衣服回来了。刚进家门，他家的一只大狗就像遇上陌生人一样，龇牙咧嘴，汪汪直叫地向他猛扑过来。杨布顿时大怒，拿起一根木棍，就要追上去打这只狗。

正在院子里散步的杨朱看见了，连忙阻止说：『子无扑矣，子亦犹是也，向者使汝狗白而往，黑而来，岂能无怪哉？』意思是：你不要再去追着打狗了，这怎么可以认为是狗的不是呢？如果让你的狗出去时一身白毛，返回的时候却变成了一身黑毛，难道你就不觉得奇怪？

杨布觉得杨朱的话虽不多，但有值得深省之处：一件事情发生了，怎么可以不从自己本身去找原因，却一味地责怪旁人啊？

左右逢源

【成语释义】

比喻做事得心应手，很顺利；有时也用来比喻为人圆滑，四面讨好，善于投机的人和事。逢：相逢，遇到；源：水源。

【典故出处】

《孟子·离娄下》。

【成语故事】

距今两千多年前的教育家孟子，关于教育和学习的不少主张，在今天仍有借鉴的作用。比如，他提倡学习知识，要刻苦钻研，深切体会，才能牢固地掌握。孟子说：『深造之以道，欲其自得之也。自得之，则居之安；居之安，则资之深；资之深，则取之左右逢其原。』

资：积蓄；原：同『源』。

这段话的意思是：一个人只有依循正确的学习方法，才能获得高深的造诣。自觉地刻苦钻研才能牢固地掌握知识；牢固地掌握知识才能使知识领域不断扩大和深化；知识积蓄很多了，就像地下的泉水，掘到深处，到处都是取之不尽、用之不竭的水源。

后来，『资之深，则取之左右逢其原』被简化引申为『左右逢源』。

目不识丁

【成语释义】

形容一个字也不认得。丁：表示最简单的字。

【典故出处】

《旧唐书·张弘靖传》。

【成语故事】

唐朝时期，幽州节度使张弘靖部下有两名官军，一位叫韦雍，一位叫张宗厚。谩骂士兵，欺压人民，又常常聚在一起饮酒，直到深夜，饮得酩酊大醉，让很多卫士点着灯扶着他们回家。他们不高兴的时候，就谩骂士兵。

有一次，他当着将领的面又骂士兵：『如今天下太平，你们这些当兵的还有什么用处？你们会拉两石的弓，还不如识一个「丁」字。』

士兵对这种侮辱性的谩骂，敢怒而不敢言。

目无全牛

【成语释义】

眼中没有完整的牛，只有牛的筋骨结构。比喻技术熟练到了得心应手的境地。全牛：整头牛。

【典故出处】

《庄子·养生主》。

【成语故事】

战国时期，道家代表庄周在《庄子》中讲了一个故事：

有个厨师替梁惠王宰牛，他的宰牛技术十分娴熟，刀子在牛骨缝里灵活地移动，没有一点障碍，而且很有节奏。梁惠王看呆了，一个劲地夸他技术高超。

梁惠王问：『你的技术为什么能如此高明呢？』

厨师回答：『我所以能熟练地解牛，是因为我所崇尚的是一种高深的修养，已经超过普通技术的阶段了。

我开始解牛的时候，看到的是整头的牛，不知道刀子从哪里插进去。过了几年，却又不见整头牛了。』

梁惠王不解地插话道：『看不见整头牛，不是更不知道刀子从哪里插进去吗？』

厨师摇摇头说：『我的意思是，这时牛的全身何处有空隙，哪处有筋骨，我都已经完全清楚，所以看上去不是整头，而是它可以解开的许多部分。宰割时，我凭精神跟牛接触，而不必用眼睛去看，就能知道什么地方可以下刀，什么地方不能下刀。我按照牛的各部结构，砍开牛体内筋骨相连的空隙处，再顺着它筋骨间的空隙，按照它本来的结构去行事。』

接着，他又讲了怎样用刀、换刀的学问。惠王听了，深受启发。

生死存亡

【成语释义】

表示情势十分危急，已经到了非存即亡的关键时刻。

【典故出处】

《左传·定公十五年》。

【成语故事】

公元前495年，邾（zhū，邹国本来的称谓）国的君主隐公来到鲁国，会见鲁国的君主定公。鲁定公举行隆重的仪式欢迎他。当时，孔子的学生子贡名声很大，也被邀请观礼。欢迎仪式开始后，邾隐公仰着脸，把玉器高高举起，态度很傲慢。鲁定公接受玉器的时候，俯着脸，弯着腰。两位君主不同的神情和态度，形成了极为鲜明的对照。在旁观礼的人们都非常惊讶。

子贡对此发表了看法：『诸侯相见要手执玉器，这是从周朝就开始施行的礼节，所以今天这件事情要用礼来看待。用礼来看待这件事，两位君主都快要死亡了。礼，是死亡或生存的主体，人的一举一动，或左或右，以及揖让、进退和俯仰，就从这里选取它；朝会、祭祀、丧事、征战等，也要用礼来观察它。眼下是正月，在一年之初诸侯相互朝见，会不顾规定的礼仪，说明他们心里已经没有礼了。朝会不合于礼，哪里能够长久？邾国君主的高和仰是骄傲，鲁国君主的低和俯是衰废。骄傲接近动乱，衰废接近疾病。鲁国的君主是主人，恐怕也会先死去！』

生吞活剥

【成语释义】

比喻生硬地搬用别人的言论成文章；也用来形容不联系实际，生硬地接受或模仿别人现成的东西。

【典故出处】

唐代刘肃《大唐新语·谐谑》，也见于《唐诗纪事》。

【成语故事】

唐高宗李治在位时期，朝中有一位大臣名叫李义府，写了一首五言诗：

镂月为歌扇，裁云作舞衣。

自怜回雪影，好取洛川归。

当时河北枣强县（今河北冀州市）有个官吏叫张怀庆，不学无术，以剽窃名人的诗文为爱好，改头换面，冒充自己的『创作』。这次，他拿过了李义府的五言诗，在每句的头上硬加上两个字，改成为一首文理不通的七言诗：

生情镂月为歌扇，出性裁云作舞衣。

照镜自怜回雪影，来时好取洛川归。

弄得笑话百出，让人啼笑皆非。这时，有人又想起以前张怀庆，曾把名士张昌龄的诗和郭正一的文章抄来，略加改造，就说成是自己写的，便编了两句顺口溜来讥笑他说：『活剥张昌龄，生吞郭正一。』

后来，人们就把这两句顺口溜简化成『生吞活剥』。

生灵涂炭

【成语释义】

形容在反动统治下，广大人民极端困苦的处境。生灵：指百姓；涂炭：泥沼和炭火，比喻困苦。

【典故出处】

《晋书·苻丕载记》。

【成语故事】

前秦王苻坚统一了北方后，就盘算着统一全国。公元382年，苻坚在长安把各位大臣召集起来开会，商讨出兵攻打东晋的事儿。会上，除个别人迎合苻坚的心意同意用兵外，多数大臣连他的弟弟苻融、太子苻宏、爱妾张夫人，都认为对东晋用兵不会有好结果。平素，苻坚最信任一位大臣王猛（字景略）。当年，苻坚得到王猛辅助，曾比之为『若玄德之遇孔明』。王猛是我国历史上有名的政治家，他做了苻坚的丞相后，帮助苻坚统一了北方。这时，王猛已故去，他临终时曾对苻坚说：『臣没之后，愿不以晋为图。』意思是：我死后，希望你不要图谋消灭东晋。于是苻融哭着向苻坚劝谏道：『王景略一时奇士，陛下每拟之孔明，其临终之言不可忘也。』

可是苻坚利令智昏，不听众人的劝告。次年，苻坚亲率九十万大军攻晋。结果淝水一战，被打得大败而归，苻坚差点当了俘虏，苻融战死。从此，前秦国势衰弱，一蹶不振。公元385年，苻坚又受到后燕、后秦的进攻，国都长安被围困，城里无粮，竟然发生了人吃人的惨剧。苻坚无法，终被迫退到五将山，被后秦国君姚苌派兵团团围住。最后，苻坚和十几个随从都当了俘虏，囚禁在新平的一座佛寺里，被姚苌下令缢死。

苻坚死后，前秦幽州刺史王永在晋阳拥立苻坚的儿子苻丕，即了皇帝位，王永被封为左丞相。次年，王永联合前秦各地武装力量，发兵讨伐后秦和后燕。为此，王永在檄文中写道：『先帝晏驾贼庭，京师鞠为戎穴，神州萧条，生灵涂炭。』意思是：苻坚遇害于贼庭，长安为贼子所占领，国家凋败，老百姓就好像生活在泥沼和炭火之中，受尽痛苦。

但是，由于后秦的力量强大，王永指挥的前秦军还是失败了。公元394年终于被后秦所灭。

出其不意

【成语释义】

多用于军事上，在敌方想不到的时候，以对方意外的行动，进行袭击；现多泛指出乎别人的意料。其：代词，指对方；不意：没想到。

【典故出处】

《孙子·计篇》。

【成语故事】

《计篇》是《孙子》上卷的第一篇。孙武在开篇的起首就指出：『兵者，国之大事，死生之地，存亡之道，不可不察也。』兵：兵器，引申为用兵，战争；察：认真研究。意思是：战争乃是国家的大事，关系着军民的生死，国家的存亡，是不能不认真研究的。三国时曹操在解篇旨时注说：『计者，选将、量敌、度地、料卒、远近、险易，计于庙堂也。』唐人李筌也说：『计者，兵之上也。』

在《计篇》中，孙武说：『攻其无备，出其不意。此兵家之胜，不可先传也。』意思是：攻击敌人没有防备的地方，出乎敌人意料之外的行动。这体现了用兵打仗指挥的奥妙，是不可能预先呆板规定下来的。

《三国志·魏书·邓艾传》载有这样一个故事：公元262年，魏分兵三路伐蜀。蜀国大将姜维凭借蜀川的险峻，蜀道之艰险，与魏将钟会对峙于剑阁天险。钟会久攻不克，粮道又险远，难以持久，更难于取胜。于是，魏将邓艾便率其精锐，从剑阁以西的阴平（今甘肃文县西北）越涪城（今四川绵阳市），迂回到剑阁之后，直取成都。部队行无人之地七百余里，然后分左右翼包围、击破蜀诸葛瞻军于绵竹，于是后主刘禅请降于邓艾。邓艾长途涉险奔袭，突出于其后，大大出乎蜀军的意料，以至魏兵突然出现，造成人心惶惶，既无准备，又无应变的防范措施，一时造成蜀军大乱，争相奔逃，被打得大败。邓艾从侧后包抄蜀军就是用了出其不意，攻其不备的战法。

出尔反尔

【成语释义】

原意是你怎样对待人家，人家也将用同样的态度对待你；现在多用来指言行反复不定，前后矛盾，反复无常。尔：你；反：同『返』。

【典故出处】

《孟子·梁惠王下》。

【成语故事】

战国时的邹国和鲁国，都在今山东省。邹国的国都在今邹县，鲁国的国都在今曲阜。有一年，邹国同鲁国发生了战争，邹国被打败了。邹国的国君邹穆公对孟子说：『唉！这次战斗，我的官员死了三十三人，而老百姓却没有一个去救援的，这真是可恨极了。要杀他们吧，又杀不胜杀；不杀吧，他们这样仇恨官吏，坐视不救，实在太不像话了。你看，这该怎么办才好呢？』

孟子回答说：『在战乱和饥荒的岁月里，你的百姓，老弱的饿死了，青壮的逃荒在外，死的填满沟谷，你的官吏看着不管。粮食堆满了你的谷仓，财物堆满了你的库房，你的官吏却谁也不把下面的悲惨情况向你报告，去救济他们，反而高高在上，任意欺压他们。曾子说过：「戒之戒之！出乎尔者，返乎尔者也。」（意思是：当心啊，当心！你怎样对待人家，人家反回来也将怎样对待你）你平时虐待百姓，不关心他们的疾苦，到紧急关头，他们自然要报复你，你能责怪他们吗？做国君的要是能关心老百姓，老百姓自然就会拥护你，并愿意为你出力，甚至牺牲生命。」

后来，人们把孔子的学生曾参说的「出乎尔者，反乎尔者也」简化引申为「出尔反尔」。

出类拔萃

【成语释义】

形容一个人的品德和才能超群出众，不同一般；或用来形容一种东西比别的东西优异。出：超过；类：同类；拔：超出；萃：这里比喻聚集在一起的人或物。

【典故出处】

《孟子·公孙丑上》。

【成语故事】

公孙丑，是孟子的学生。有一次，孟子在同公孙丑谈到历史上的圣人贤才的时候，他认为，『圣人』就是那些能『先知先觉』的超群出众的『天才』。而这样的『天才』，在孟子的心目中，孔子才算得上这样的人。

所以，当公孙丑问道：『老师，您已经是一位圣人了吗？』孟子说：『从前子贡问孔子说：「老师已经是圣人了吗？」孔子说：「圣人，我做不到；我不过学习不知厌倦，教人不嫌疲劳罢了。」圣人，连孔子都不敢以此自居，我又算得什么呢？』

公孙丑又问：『古代的圣人与当今的圣人有哪些不同？』

孟子认为，从有人类以来没有能比得上孔子的。他说：『宰我、子贡、有若，智足以知圣人，污不至阿其所好。宰我曰：「以予观于夫子，贤于尧、舜远矣。」子贡曰：「见其礼而知其政，闻其乐而知其德，由百世之后，等百世之王，莫之能违也。自生民以来，未有夫子也。」有若曰：「岂惟民哉？麒麟之于走兽，凤凰之于飞鸟，泰山之于丘垤，河海之于行潦，类也。圣人之于民，亦类也。出于其类，拔乎其萃，自生民以来，未有盛于孔子也。」』

宰我：孔子学生宰予；子贡：孔子学生端木赐；有若：孔子学生，鲁国人；夫子：即孔子；垤（dié）：小土堆；潦（lǎo）：路上的流水。

这段话的意思是：我认为，宰我、子贡、有若三人，凭他们的才智聪明是足以了解圣人的。即使这三个人不好，也不会去偏袒他们所爱好的人。宰我曾说过：『我理解的老师比尧和舜都出色。』子贡说：『看见一个国家的礼制，便能了解它的政治；听到一个国家的音乐，便能知道它的道德和教育。即使从百代之后去评价百代以来的君王，任何一个君王都不能违背孔子之道。从有人类以来，没有能比得上他的。』有若说：『并不是只有人类才有高下之分的。麒麟对于走兽，凤凰对于飞鸟，泰山对于土堆，河海对于溪流，何尝不是同类。圣人对于一般老百姓，也是同类，但远远地超越了他那一类，大大地高出了他那一群。自从有人类以来，没有超过孔子的。』

当然，孟子、宰我、子贡、有若等对孔子的评价，体现了他们信奉的唯心论的天才论和英雄史观，是不正确的。但从有若对孔子的评价『出于其类，拔乎其萃』中，却引出了『出类拔萃』。

叹为观止

【成语释义】

用来赞叹所见的事物尽善尽美，好到了极点。叹：赞赏；观止：看到这里就够了。

【典故出处】

《左传·襄公二十九年》。

【成语故事】

春秋时候，吴国有一位公子，名叫季札，他贤能、博学。有一次，季札奉吴王馀祭之命出使鲁国。聘问礼毕，季札要求观赏周代传统的音乐、舞蹈艺术。鲁襄公命令乐工们把各国有代表性的音乐、歌曲，依次演奏和表演给他欣赏。季札对演奏和表演的每一个歌曲或歌舞，都逐一地进行品评。当公子季札把各国有代表性的歌曲听完后，乐工们为他表演歌舞时，《左传》写道：

见舞《象箾》《南籥》者。曰：『美哉！犹有憾。』见舞《大武》者。曰：『美哉！周之盛也，其在此乎。』见舞《韶濩》者。曰：『圣人之弘也，而犹有惭德，圣人之难也。』见舞《大夏》者。曰：『美哉！勤而不德，非禹，其谁能修之！』见舞《韶箾》者。曰：『德至矣哉！大矣，如天之无帱也，如地之无不载也，虽甚盛德，其蔑以加于此矣。观止矣！若有他乐，吾不敢请已。』

箾（shuò）：同『箫』；籥（yuè）：乐器；《大武》：武王时候的乐舞；《韶濩（hù）》：商汤时候的乐舞；残德：缺憾；《韶箾》：舜时的乐舞；帱（dào）：覆盖。

这段话的大意是：公子季札看到跳象箾、籥舞时，说：『美好啊！但还有让人遗憾的地方。』看到跳大武舞时，说：『美好啊！周朝兴盛的时候，恐怕就是这样的吧！』看到跳韶濩舞时，说：『像圣人那样的宏大，尚且还有所惭愧，可见当圣人不容易啊！』看到跳大夏舞时，说：『美好啊！勤劳而不自以为有德，不是夏禹，还有谁能做得到呢？』看到跳韶箾舞时，说：『功德到达顶点了，伟大啊！像上天的无不覆盖，像大地的无不装载。盛德到达顶点，就不能再比这有所增加了。这乐舞好极了，观乐就到此为止吧！如果还有其他音乐、舞蹈，我也不敢再有奢求了。』

后来，『观止矣』被引申为『叹为观止』。

东山再起

【成语释义】

比喻有志之士再度出来建功立业。

【典故出处】

《晋书·谢安传》。

【成语故事】

谢安，字安石，是东晋时候一位著名的政治家。他年轻的时候，就很有才学，晋王朝曾要他到丞相府里去做官，还想让他去做帮助编写国史的工作，都被他推辞了。他住在会稽（今浙江绍兴），经常与王羲之等人游山玩水，吟诗作赋，不问朝政。

由于谢安的名声很大，当时的扬州（行政区域，首府在建康）刺史，连续多次下命令，一定要他出来做官。谢安不得已，只得去扬州府做了一个月的官，后又借病告假回家，仍然过着悠然自得的隐居生活。

有一次，他和一些人乘船出海捕鱼。忽然海面上刮起了大风，海浪翻滚。这时，同船的人都很害怕，担心会掉进海里。而谢安却神态自若，毫不慌张，船工在他的指点下，终于安全地驶返海岸。大家都很敬佩谢安的胆识和胸怀。

谢安四十多岁的时候，他做大官的哥哥谢奕、堂哥谢尚都先后死去了，而弟弟谢万又因打了败仗，被罢了官。为了保住谢家的门庭和经济利益，谢安才再起为官。

不久，他就被征西大将军桓温请去做了司马（掌管将军府中事务的官吏）。这时，朝中有个叫高崧的人同他开玩笑说：『卿累违朝旨，高卧东山，诸人每相与言：安石不肯出，将如苍生何！苍生今亦将如卿何！』意思是：你几次违背朝廷的旨意，高高地睡在东山顶上不出来做官，人们经常说：谢安不出山，怎么向人民交代呢？今天你出山了，人民将该怎样对待你呢？

谢安听了，感到有些惭愧。后来，谢安做过侍中（皇帝的侍从）、吏部尚书、中护军、丞相。在公元383年前秦王苻坚与东晋的『淝水之战』中，他运筹帷幄，与他的弟弟谢石、侄谢玄一起，以较少较弱的晋军，击败了苻坚号称百万之众的大军，保住了东晋的半壁江山。

后来人们根据这个故事，概括出『东山再起』。

打草惊蛇

【成语释义】

比喻做事不慎，走漏了消息，让有关的人察觉到而预先有了防备。

【典故出处】

《酉阳杂俎（zǔ）》。

【成语故事】

唐朝当涂（今安徽当涂县）有个县令叫王鲁，他行为放荡，贪财受贿。有一次，有人向他递上状子，控告、揭发他手下的一名主簿（主管文书之类的官员）营私舞弊，贪赃枉法。状子上列举的罪行，与王鲁自己的违法行为，要么有直接的牵连，要么手段和方法大同小异。王鲁一边看状子，一边胆战心惊，他生怕自己贪污受贿的行为也会被揭发出来。等他把状子看后，已经慌张得六神无主，忘记了自己还应该对这张状子提出处理意见，竟不自主地拿起笔来，在状子上批了八个大字：『汝虽打草，吾已蛇惊。』意思是：告状的人啊，你虽然打的是地面上的草，但我像藏在草里的蛇一样，已经感到惊恐了。

后来人们根据这个故事，把『汝虽打草，吾已蛇惊』简化成『打草惊蛇』。

外强中干

【成语释义】

比喻外表强大，内里虚弱。外：外貌；中：内部；干：虚弱。

【典故出处】

《左传·僖公十五年》。

【成语故事】

公元前645年，秦穆公亲率大军去攻打晋国，接连取得胜利，很快就打到了晋国的韩原（今山西省河津、万荣县之间）。大敌当前，晋国国君晋惠公亲自领兵抵抗。战斗开始前，大臣庆郑见晋惠公战车上套着的是郑国出产的叫作『小驷』的马，他认为用这种马去打仗是要吃败仗的，便劝阻惠公说：『据我所知，古时交兵打仗，都是要用本国的马。因为这些马出生在本国，服水土，通人性，熟悉道路。打起仗来能随从人愿，听从使唤。而别国的马外表看起来似乎强壮，内里却虚怯；昂头挺胸，样子挺威风，实际上是外强中干。一上战场，您看吧，它先害怕得不得了，就会不听指挥，狂奔瞎撞。到那时，要进不能，要退也不能，再懊悔就来不及了。』

晋惠公没有听庆郑的劝告，命令赶车的立即出发了。晋军开到了韩原这个地方，两国兵马就在野外打了起来。晋惠公临阵指挥，正像庆郑分析的那样，给他驾车的那种郑国的高头大马，一遇到战尘遮天，就蹦跳起来，驾车的人吆喝向左，它们偏向右奔；勒也勒不住，停也停不下，终于把战车拉进了泥坑，结果惠公被秦军所俘虏。

永垂不朽

【成语释义】

比喻光辉的业绩和崇高的精神永世流传。永：长久；垂：传下去，流传后世；朽：腐烂。

【典故出处】

《左传·襄公二十四年》。

【成语故事】

范宣子，是春秋时候晋国的大臣。他姓士，名丐。在晋平公时，掌握着国家的实权。有一次，有个叫穆叔的人，来到晋国，范宣子同他交谈时，向他求教说：『古人讲过死而不朽这样的话，这到底是什么意思？』穆叔回答说：最高的是建树德行；其次在所从事的事业上有成就；再次在言论著作上有创造。这些德行、功业、言论，即使过了很长的时间，也不致磨灭，这就叫不朽。

人们根据这个故事，概括出『永垂不朽』。

对症下药

【成语释义】

比喻要善于区别不同情境，正确地处置各种问题。症：病症；下药：用药。

【典故出处】

《三国志·魏书·华佗传》。

【成语故事】

华佗，字元化，是东汉末年杰出的医学家，沛国谯（今安徽亳县）人。他的医术很高明，精通内、外、妇、儿、针灸各科，尤其是以外科最为擅长。他治病很讲究从实际情况出发，根据病人的情况来开处方。

有一次，州里有两个官员患了头痛发热病，一道去找华佗医治。华佗说，一个要吃泻药，一个要服发散药。这两人听后，都很惊奇，不解地问为什么病情一样而服药要两样呢？华佗解释说：有一位的身体外部没有病，病是从内部伤食引起的，所以宜服泻药；另一位体内无病，病是从外部受凉感冒引起的，所以得吃发散药。后来，两人各自服了不同的药，病都好了。

后来，人们就把华佗这种治病方法叫作『对症下药』。

可望而不可即

【成语释义】

比喻看得见却接近不了，或用来比喻一时还不能变为现实的事情。即：接近，接触。

【典故出处】

明代刘基《登卧龙山写怀二十八韵》诗。

【成语故事】

刘基，字伯温，是元末明初的著名诗人。他于公元1311年生在处州青田（今浙江青田）。元末中进士，曾做过浙江儒学副提举、浙江元帅府都事等官，因遭诽谤去官闲居。后为明太祖朱元璋招用，协助平定天下，为明朝开国功臣之一。刘基不得志之时，在《登卧龙山写怀二十八韵》中，倾吐自己怀才无处施展的愁闷，表白想投靠明主成就一番事业的抱负。诗的最后四句是：

白云在青天，可望不可即。

浩歌梁甫吟，忧来凭胸臆。

白云：喻指想要投靠的明主；梁甫吟：古时的乐府曲调名称；凭：充满。

这几句诗的大意是：高高的蓝天上飘浮着洁白的云彩，可以望见但却不能接近。我放声高唱着『梁甫吟』，胸膛中充满了愁闷。

后来，人们摘出诗中『可望不可即』一句引申为『可望而不可即』。

对牛弹琴

【成语释义】

比喻对不懂道理的人讲大道理白费口舌，有轻视对方的意思；有时也用来讥笑那种说话不看对象、无的放矢的现象。

【典故出处】

佛经《弘明集》。

【成语故事】

春秋时候，鲁国有一个音乐家叫公明仪，他的七弦琴弹得很好。有一天，他独自一个人在屋外看见一头牛在那里低头闷不吱声地吃草。他心想弹几支曲调给牛听听，看牛是否懂得。于是就先弹了一支《清角之操》。牛仍旧只是低着头吃草，一点也没理会。公明仪明白了，刚才那支曲调太高深了，所以牛才没有反应。于是他又另外弹了几支曲调，一会儿好像蚊子嗡嗡地叫，一会儿又好像小牛哞哞地鸣。这样一弹，牛就摇着尾巴，竖起耳朵，草也不吃了，回转身子走来走去，留心地倾听。

根据这个故事，后来人们引出了『对牛弹琴』。

未雨绸缪

【成语释义】

比喻办事之前要及早做好准备。绸缪（móu）：缠绵，密密缠绕的样子。

【典故出处】

《诗经·豳风·鸱鸮》。

【成语故事】

西周的时候，豳（bīn，地名，在今陕西旬邑和彬县之间）这个地方，流传着一个童话寓言故事。故事叙说的是一只善良而勤劳的雌鸟，辛勤地抚育着幼雏，趁着天还没有下雨，及早地取来桑根，把窝补得牢牢的，以防灾备患。后来，有人把这个童话，以雌鸟自诉的形式写成了《鸱鸮》诗。全诗四章共二十句。诗的第一章写雌鸟对迫害它们的鸱鸮的警告；第二章写雌鸟趁天晴加固窝巢；第三章写雌鸟建窝的劳累；第四章写窝建成后雌鸟终日为之忧惧。

这首诗的一、二章是：

鸱鸮鸱鸮，既取我子，无毁我室。恩斯勤斯，鬻子之闵斯！

迨天之未阴雨，彻彼桑土，绸缪牖户。今女下民，或敢侮予？

鸱（chī）鸮（xiāo）：猫头鹰，一种凶猛的鸟，昼伏夜出，捕食小鸟、兔、鼠等；既：已经；子：指雏鸟；无：不要；室：鸟窝；恩、勤：意思相同，指辛辛苦苦；斯：语助词；鬻（yù）：同『育』，抚育；闵（mǐn）：疾病；迨（dài）：趁早；彻：剥下；牖（yǒu）户：窗户，指鸟巢的缝隙；女：汝；下民：指人，因人在树下居住，鸟居树上，故鸟儿把人叫作『下民』。

这两章诗的大意是：鸱鸮啊，鸱鸮！你已经抓走了我的小雏，就不要再毁我的窝了。我辛苦操劳为抚育儿女，累得肉减骨销。趁着天还没有布云降雨，我早早地剥取些桑树的根皮，把窝修补得牢牢的。从今以后，住在树下的人们，有谁还敢来欺侮我呢？

后来，人们便把『迨天之未阴雨，彻彼桑土，绸缪牖户』简化为『未雨绸缪』。

必恭必敬

【成语释义】

形容十分恭敬有礼貌的样子。必：一定；恭：有礼貌。

【典故出处】

《诗经·小雅·小弁》。

【成语故事】

西周末年，有一个贵族家的公子，被父亲赶出家门，流落异乡。一天傍晚，他独自一人倚门而立，看见一群寒鸦双双对对、欢欢喜喜地结伴飞回窝巢，不禁触景伤情，联想到自己失却父母的伤心，有苦无处诉，连鸟儿都不如。于是，便悲伤地写下了《小弁》这首自述诗。全诗八章六十四句。第一章是诉说自己无罪被逐的伤心事；第二章讲自己的前途阻塞，有冤无处诉；第三章说自己平时对父母百般孝顺，但还是不讨父母欢心，对此自己不能理解，大概是命不好了；第四章痛诉自己无所依托，孤苦伶仃；第五、六章责怨父母亲对自己无骨肉情谊；第七章诉说父亲听信谗言，不辨是非，使自己蒙受不白之冤；第八章分析父亲信谗言的原因。

诗的第三章是：

维桑与梓，必恭敬止。靡瞻匪父，靡依匪母。不属于毛，不离于里。天之生我，我辰安在？

维：语助词；桑、梓：树名，古时以桑梓比喻父母；止：之；瞻：敬仰；匪：彼；离：通『丽』，附着；辰：时；安：何。

这章诗的大意是：我对父母很孝顺，每次见到他们总是毕恭毕敬的。虽然我对他们是这么的敬仰、尊敬，但却得不到父母的欢心。这大概是因为老天降生我的时辰不好吧？

后来，人们把『必恭敬止』引申为『必恭必敬』或『毕恭毕敬』。

厉兵秣马

【成语释义】

比喻刀枪擦得锃亮，战马喂得饱饱的，做好了战斗准备；也用来比喻积极认真地做好事前准备工作。厉：磨；兵：兵器；秣（mò）：牲口的饲料，也作“喂”用。

【典故出处】

《左传·僖公三十三年》。

【成语故事】

晋文公重耳继承王位后，他一心想做中原的霸主，就连年不断地会合诸侯，东征西讨。公元前630年，他又联合秦国一起出兵攻打郑国，秦国的军队进驻郑国东面的氾（sì）南（今河南中牟县南），晋国的军队则开进郑国的函陵（今河南新郑北）。郑国两面受敌，情况非常危险。郑国的国君郑文公就派了一名官员，暗中向秦穆公陈说利害，让秦穆公答应了同郑国单独讲和，只留下杞（qǐ）子等人带领少数部队留在郑国，在郑国京都的北门驻扎，自己就率领大军撤回国了。秦穆公一走，晋文公也撤退了。

两年后郑文公死了，太子兰敬在晋国的帮助下夺得王位，史称郑穆公。郑穆公为感谢晋国对他的帮助之恩，在他执政后一直向着晋国，疏远秦国。杞子等人看见这种情形心里很不高兴，就派人报告秦穆公，请他秘密派兵偷袭郑国，约定里应外合，一举把郑国灭掉。公元前627年，秦穆公派孟明视带领三百辆战车，悄悄地向郑国进兵。当秦军来到滑国（今河南偃师县南）地面的时候，恰巧碰上了郑国的一个卖牛商人弦高，正赶着牛到洛阳去做买卖，知道了秦军要去攻打郑国。他急中生智，想出了一个救国的办法：一边冒充郑国的使者，带着四张熟牛皮和十二头肥牛，装着去犒赏、慰劳秦军；一边又派人飞快地赶回国去报信。

郑穆公得到弦高的报告后，立即派人对杞子他们的行动进行监督。只见秦军『则束载、厉兵、秣马矣。』是说，已经收拾了行装，磨快了刀剑，喂饱了战马，准备随时行动了。郑穆公深深感到这支秦军真是心腹之患，但他害怕秦国，事情又还没明朗，不大好翻脸，就派人婉转地对他们下了逐客令，说：『你们在郑国待的时间很长了，我们能供应的东西也快完了，你们还是早点走吧！』

杞子等一听大吃一惊，知道已经走漏了消息，郑国待不下去了，就赶紧逃往他国。

根据这个故事，后来人们就引出了『厉兵秣马』或『秣马厉兵』。

六画

夸父逐日

【成语释义】

夸父拼命追赶太阳。比喻人有大志，也比喻不自量力。夸父：古传说中的人名。

【典故出处】

《山海经·海外北经》。

【成语故事】

远古时候，在北方荒野中，有座巍峨雄伟、高耸入云的高山。在山林深处，生活着一群力大无穷的巨人。

他们的首领，是幽冥之神『后土』的孙儿、『信』的儿子夸父。因此这群人就叫夸父族。

夸父族的人们身强力壮、高大魁梧、气概非凡、有着很强的意志力。而且还心地善良、勤劳勇敢，过着与世无争、逍遥自在的日子。那时候大地荒凉，毒蛇猛兽横行，人们生活凄苦。夸父为使本部落的人们能够活下去，每天都率领众人跟洪水猛兽搏斗。夸父常常将捉到的凶恶的黄蛇挂在自己的两只耳朵上作为装饰，抓在手上挥舞，引以为荣。

这一年，天气非常炎热，火辣辣的阳光直射在大地上，庄稼烤死了，树木晒焦了，河流干枯了。人们热得难以忍受，夸父族的人纷纷死去。夸父看到这种情景很难过，他仰头望着太阳，告诉族人：『太阳实在是可恶，我要追上太阳，捉住它，让它听人的指挥。』族人听后纷纷劝阻。

有的人说：『你千万别去呀，太阳离我们那么远，你会累死的。』

有的人说：『太阳那么热，你会被烤死的。』

夸父心意已决，发誓要捉住太阳，让它为大家服务。他看着愁苦不堪的族人，说：『为了大家的幸福生活，我一定要去！』

太阳刚刚从海上升起，夸父告别族人，怀着雄心壮志，从东海边上向着太阳升起的方向，迈开大步追去，开始他逐日的征程。

太阳在空中飞快地移动，夸父在地上如疾风似的，拼命地追呀追。他穿过一座座大山，跨过一条条河流，大地被他的脚步，震得『轰轰』作响，来回摇摆。

夸父跑累的时候，就微微打个盹，将鞋里的土抖落在地上，于是形成大土山。饿的时候，他就摘野果充饥，有时候夸父也煮饭。他用三块石头架锅。这三块石头，立刻就化为三座鼎足而立的高山，有几千米高。

夸父追着太阳跑，眼看离太阳越来越近。他的信心越来越强。越接近太阳，就渴得越厉害，已经不是捧河水就可以止渴的了。

但是，他没有害怕，并且一直鼓励自己：『快了，就要追上太阳了。人们的生活就会幸福了。』

夸父狂奔了九天九夜，在太阳落山的地方，终于追上了它。红彤彤、热辣辣的火球，就在夸父眼前，在他的头上，万道金光，沐浴在他身上。

夸父无比欢欣地张开双臂，想把太阳抱住。可是太阳炽热异常，夸父感到又渴又累。他就跑到黄河边，一口气把黄河水之水喝干；他又跑到渭河边，把渭河水也喝光，仍不解渴；夸父又向北跑去，那里有纵横千里的大泽，大泽里的水足够夸父解渴。

但是，夸父还没有跑到大泽，就渴死在了半路上。

夸父临死的时候，心里充满遗憾，他还牵挂着自己的族人，于是将自己手中的木杖扔出去。木杖落地的地方，顿时生出大片郁郁葱葱的桃林。

这片桃林终年茂盛，为往来的过客遮阴，结出的鲜桃为勤劳的人们解渴，让人们能够消除疲劳、精力充沛地踏上旅程。

师出无名

【成语释义】

指出兵没有正当的理由，也泛指行事没有正当的理由。也作『兵出无名』。

【典故出处】

《汉书·高帝纪上》。

【成语故事】

刘邦率军攻占秦都咸阳，推翻秦朝统治。不久，项羽率大军进入咸阳，杀了秦朝的降王子婴，烧了秦朝的宫室，大火三个月都不熄灭。（参看『沐猴而冠』）

接着，项羽派人向他所拥立的楚怀王禀报了入秦的情况。怀王表示，按以前的约定办：谁先打败秦军、攻人咸阳，谁就当秦王。项羽虽然是后进咸阳的，但他倚仗自己兵马强大，所以自封为西楚霸王；而将刘邦封为汉王，让他到道路险阻、人烟稀少的巴蜀之地去。同时，给了楚怀王一个徒有虚名的尊号——义帝。但不久，又暗中指使人把义帝杀死。项羽的这些举动，引起了诸侯王的强烈不满。汉王刘邦领兵到了洛阳，董公对刘邦说：『我听说顺德的昌盛，逆德的灭亡。没有正当理由，做大事就不能成功。项羽无道，杀了他的君王，为天下人所怨。您乘此率军征伐，四海之内都会仰慕你的德行。这样，您就同从前的周武王讨伐殷纣王一样，兴的是仁义之师。』从此，刘邦与项羽进行了长期战争。

同心同德

【成语释义】

比喻为了同一个目标，同一个心愿，同一个行动去奋斗。心：思想；德：信念。

【典故出处】

《古文尚书·泰誓》。

【成语故事】

据《古文尚书·泰誓》载，商朝末年，当时的最高统治者商纣王荒淫暴虐，引起了诸侯和百姓们的反对。有一个叫姬昌（即后来的周文王）的诸侯，因治国有方，威望很高。后来他的儿子姬发（即后来的周武王）即位，便联合了西部八个小诸侯起兵讨伐。在誓师出发之前，姬发巡视全军，发表演说，列举商纣王的种种罪行，要大家同心协力，共同讨伐。姬发在为誓师而作的誓词《泰誓》中说『受（纣王之名）有亿兆夷人（平凡的人），离心离德，予（我）有乱臣（指治理乱世的臣子）十人，同心同德。』意思是：纣王虽然统治着千千万万的人，有很多的士兵和官吏，可是他们和纣王不是一条心，我虽然只有十个治理国家的良臣，他们却同心同德齐心协力来协助我。

后来周军与商军大战于牧野（今河南汲县）。当时商军大多是奴隶武装，奴隶们都不愿为商王朝打仗，当周军攻来时，就倒戈起义，很快地周军就攻入商朝的都城朝歌（今河南淇县境内）。纣王被迫自焚，商朝即为周所灭。

同心协力

【成语释义】比喻思想一致，共同努力。同心：思想一致，团结一致；协：合。

【典故出处】罗贯中著《三国演义》。

【成语故事】

《三国演义》，是一部著名的长篇历史小说。它取材于东汉末年和魏、蜀、吴三国的历史，从东汉灵帝中平元年（公元184年）黄巾起义开始，一直叙写到晋武帝太康元年（公元280年）吴亡为止，差不多整整一个世纪。全书一百二十回，描写了东汉末年和整个三国时代封建统治集团之间的矛盾和斗争。对当时动乱的社会状况有所反映，提供了一些关于封建社会中政治斗争和军事斗争可资借鉴的思想资料。但书中有尊刘抑曹等描写，并对黄巾农民起义有所诋毁。

在《三国演义》第一回里写了黄巾农民起义的首领之一张角率军向幽州进军，太守刘焉慌了手脚，便出榜招募军士。这时，汉远房宗亲二十八岁的刘备（字玄德）看了榜文，不禁慨然长叹一声。随即就听到背后有人粗声粗气地问道：『大丈夫不与国家出力，何故长叹？』问话的人，就是颇有庄田，卖酒屠猪的张飞（字翼德）。后来，他二人通过一番了解，到村里酒店喝酒时，又碰到了因杀了人逃亡江湖的关羽（字云长）。三人各自讲出自己的志向，都认为志趣相投。于是就在张飞庄上的桃园里焚香发誓结拜为志同道合的异姓兄弟，誓词说：『念刘备、关羽、张飞，虽然异姓，既结为兄弟，则同心协力，救困扶危；上报国家，下安黎庶（老百姓）；不求同年同月同日生，只愿同年同月同日死。皇天后土，实鉴此心。』

交头接耳

【成语释义】头挨着头，嘴靠近耳朵。形容两人靠得很近，窃窃私语。

【典故出处】明代施耐庵的《水浒传》。

【成语故事】

水浒传里的林冲，原是东京八十万禁军的教头，因为得罪了朝廷重臣高太尉，遭陷害蒙受不白之冤，被发配到沧州草料场充军。这天林冲正在闲走，忽然遇上了李小二。这李小二在东京因为偷了店主的钱，要送衙门问罪，多亏林冲替他赔钱搭救了他。因此，李小二把林冲看作是自己的救命恩人。后来李小二来到沧州，开了一个茶酒店。他遇见林冲分外亲热殷勤，立即请到家里款待。从此以后，林冲常与他来往。

这天，李小二的酒店里突然来了几个陌生的客人，行动鬼祟，听口音其中一个是东京人。李小二为他们上菜忽然听到『高太尉』三个字，于是警觉起来。他忙回到内屋，对妻子说：『这个客人怕有些来历，你替我去板墙后听听他们唠些啥，说不定与林教头有些瓜葛。』妻子着急地说：『快叫林教头来认一认吧。』李小二不耐烦地小声嚷起来：『你真不懂事，那林教头是个性急的人，若是认出真是他的仇人，还不杀了他？连累了我和你，那可怎么好？』『你说得是。』妻子蹑手蹑脚地走到板墙后面，细心地听起来。过了一会儿她回来对丈夫说：『他们交头接耳地说话，我听不太清楚，只听到一句话：「包在我身上，好歹结果他的性命。」好像那位东京客官还给了管营金银。』李小二夫妻正没个主意，客人算了酒钱，慌慌张张地走了。

时间不长，林冲来到了酒店，李小二急忙把方才店里的情况告诉了他。林冲一听，顿时火冒三丈：『那家伙正是陆谦，他敢来这里害我，我叫他骨肉成泥！』

几天后的一个风雨之夜，陆谦等人烧了草场，企图把林冲一起烧死。结果反被林冲撞见杀死，报了冤仇。

守株待兔

【成语释义】

用来比喻不分时间、地点、条件，死守旧规矩办事；或妄想不经过努力而侥幸得到意外收获。株：树桩子。

【典故出处】

《韩非子·五蠹》。

【成语故事】

韩非，是战国末期韩国人，法家的代表人物，主张革新以适应时代潮流的政治家、思想家，他主张『不期修古，不法常可』（意思是：不希望遵循古代的惯例，不效法通常认可的旧规），反对因循守旧；提倡中央集权，提倡耕战。他的著作《韩非子》共五十五篇，《五蠹》是其中一篇。所谓五蠹（dù），指五种蛀虫，即学者（儒者）、言谈者（说客）、带剑者（侠客）、患御者（害怕服兵役者）和商工之民（商人、工匠）。韩非认为在当时这五种人，都不利于耕战。他在《五蠹》这篇文章中，讲了一个故事：

宋人有耕者，田中有株，兔走触株，折颈而死；因释其耒而守株，冀复得兔；兔不可复得，而身为宋国笑。

走：跑；因：因此，因而；释：放下；耒（lěi）：翻土的农具；冀（jì）：希望。

故事的大意是：宋国有个农民，有一天，他正在耕田的时候，看见一只兔子飞奔而来，正好撞在田边树桩子上，折断脖子便死了。那个农民放下手里的农具，拾起碰死的兔子，兴冲冲地回到家里。从这以后，这个农民就不想再干活了，每天坐在那树桩旁边，希望再捡到碰死的兔子。他的田荒芜了，可是再也没有看见第二只兔子来碰树桩，自己却被宋国人嘲笑。

根据这个故事，人们便引出了『守株待兔』。

岌岌可危

【成语释义】

形容极其危险。岌岌：危险的样子。

【典故出处】

《孟子·万章上》。

【成语故事】

战国时，咸丘蒙是孟子的学生。一天，他问孟子：『俗话说，道德最高的人，君主不能以他为臣，父亲不能以他为子。舜便是这样的人，他做了天子，尧率领诸侯向北面去朝他，他父亲瞽瞍也向北面朝他。舜见了瞽瞍，局促不安。孔子说道，在这个时候，天下就像山高陡峭、快要坍塌的样子，危险得很呀。不晓得这话真是如此的吗？』

孟子反驳说：『不。这不是道德最高的人说的话，而是齐东野人说的话。不过是尧年老时，叫舜代理天子的职位罢了。《尧典》上说过，二十八年后，尧死了，群臣好像死了父母一样，服丧三年，老百姓也停止一切音乐。孔子说过，天上没有两个太阳，人间没有两个天子。假如舜真在尧死前做了天子，同时又率领天下的诸侯为尧服丧了三年，这便是同时有两个天子了。』

咸丘蒙说：『舜不以尧为臣，您的教诲我已经领受。』

如鱼得水

【成语释义】

比喻得到了最理想的人才和环境；也用来形容双方关系十分融洽。

【典故出处】

《三国志·蜀书·诸葛亮传》。

【成语故事】

诸葛亮，字孔明，东汉末年琅琊郡阳都县（今山东沂水）人。父亲诸葛珪，曾任泰山郡丞（郡守的助手）。由于父母早丧，诸葛亮由叔父诸葛玄抚养。大约在他十四岁（195年）那年，他的叔父丢了豫章（今江西南昌）

太守的职务，带着他兄弟等投靠荆州牧刘表。几年后，诸葛玄去世，诸葛亮就在襄阳（今湖北襄樊）以西二十多里的隆中定居，一面吟诗作歌，一面又『躬耕陇亩（田亩）』。诸葛亮是一个很有政治抱负的人，那时候，他就常把自己比作春秋时辅佐齐桓公成就霸业的相国管仲；又比作率军击破齐国七十余城的燕国名将乐毅。可见他立志要兼有将相的才能，干出一番事业来。

诸葛亮在隆中一待就是十年。在这期间，他根据自己观察了解到的天下大势，已经形成了自己的政治见解。正在这时候，处于危难之中的刘备，也被迫来到荆州依附刘表，他于公元207年曾三次到隆中，向诸葛亮求教统一天下的大计。刘备的诚恳态度，使诸葛亮很受感动，他愿意帮助刘备成就事业。两人就在隆中草堂里促膝长谈。诸葛亮对于形势的分析十分精辟，并提出了夺取荆州（今湖南、湖北）、益州（今四川）；和好西南少数民族，东联孙权，北伐曹操的战略方针。这就是著名的《隆中对》。

刘备听了，不仅打心眼里钦佩诸葛亮，而且对诸葛亮的主张也非常赞成。刘备便把诸葛亮尊为军师，吃饭同桌，睡觉同屋，两人越来越亲密。这时和刘备结为兄弟的关羽、张飞看了，心里很不高兴，便在刘备面前嘀嘀咕咕。刘备就向他们解释说：『孤之有孔明，犹鱼之有水也。愿请君勿复言！』意思是：我有了孔明，就好似鱼儿得了水一样。希望你们深明大义，不要再说什么了。

关羽、张飞听了，也自觉惭愧，就不再说什么了。

刘备在诸葛亮的帮助下，只用了十三四年的时间，就占据了荆州、益州，于公元221年终于在成都建立了蜀汉政权。

根据这个故事，后来人们就引出了『如鱼得水』。

如坐针毡

【成语释义】

比喻心神不定。

【典故出处】

《晋书·杜锡传》。

【成语故事】

杜锡是西晋京兆杜陵（今陕西西安东南）人。他从小聪颖好学，年轻时候就以知识渊博为世人所敬重，后来被选调去做太子舍人。由于愍（mǐn）怀太子，行为放荡，不思上进，杜锡便『屡谏愍怀太子，言辞恳切，太子患之。后置针著锡常所坐处毡中，刺之流血』。意思是：杜锡看到这种情况后，就一再诚恳地去劝告愍怀太子，希望他能对自己的缺点有所指正。但愍怀太子不但不听，反而对杜锡很不满意。有一次，他悄悄地把针插在杜锡常坐的毡子上。杜锡没有察觉此事，一坐下去，就被刺得鲜血直流。

根据这个故事，人们便概括出『如坐针毡』。

如泣如诉

【成语释义】

形容声音悲切，好似在哭泣，又好似在申诉。

【典故出处】

北宋苏轼《前赤壁赋》。

宋神宗元丰二年（公元1079年），苏轼因所作诗文对政事有所讥讽，被贬为黄州（今湖北黄冈）团练副使。元丰五年，他与友人同游黄冈赤壁，前后两次写了两篇《赤壁赋》，分别为《前赤壁赋》与《后赤壁赋》。黄冈赤壁，虽并非三国时孙曹鏖兵的赤壁，但这里也流传着孙曹交战的传说。苏轼在《前赤壁赋》里，以传神的笔墨，描述了秋夜赤壁的美丽、静谧，以及与客人夜游的逸兴。文中写道：

于是饮酒乐甚，扣舷而歌之。歌曰：『桂棹兮兰桨，击空明兮溯流光。渺渺兮予怀，望美人兮天一方。』客有吹洞箫者，依歌而和之。其声呜呜然，如怨，如慕，如泣，如诉，余音袅袅，不绝如缕。舞幽壑之潜蛟，泣孤舟之嫠妇。

舷：船边；棹（zhào）、桨：均为划船用具；空明：指在月光照映下的清澄的江面；流光：水面上流动的月光；美人：指所思慕的人；余音：尾音；袅（niǎo）袅：声音婉转悠长；幽壑：本指深谷，这里指深水里；蛟：传说中的一种龙；嫠（lí）妇：寡妇。

【成语故事】

这段话的意思是：当我们酒喝得最痛快的时候，就敲着船舷唱起歌来。歌词说：『桂木的棹啊，兰木的桨，划开清澈的江水啊，船儿在月光浮动的江面顺水流漂。我的情怀逐渐变得深沉起来，仰望我所思慕的人，他在遥远的地方。』客人中有个吹洞箫的，他按着歌声吹箫应和。箫声呜呜然，像是怨恨，又像是思慕；像是哭泣，又像是倾诉。那余音又细又长，像一根轻柔的细丝延绵不断。箫声啊，能使藏在深水里的蛟龙为之起舞，使坐守空船的寡妇为之哭泣。

百战百胜

【成语释义】

原意是打一百次仗，胜一百次，即每战必胜；现多用来形容所向无敌。

【典故出处】

《孙子·谋攻》。

【成语故事】

《谋攻》是孙子兵法上卷的第三篇。三国时候的军事家曹操在篇解中注：『欲攻敌，必先谋。』也就是说，本篇主要研究如何用计谋来征服敌人。

孙子在本篇的起首就指出：『凡用兵之法，全国为上，破国次之；全军为上，破军次之；全旅为上，破旅次之；全卒为上，破卒次之；全伍为上，破伍次之。是故百战百胜，非善之善者也；不战而屈人之兵，善之善者也。』

军：古时一军为一万二千五百人；旅：古时一旅为五百人；卒：古时一卒为一百人；伍：古时一伍为五人；上：上策；善：好，高明。

这段话的意思是：孙子说，大凡指导战争的法则，使敌人举国完整地屈服是上策，兴兵去击破敌国就差些；使敌人全军完整地降服是上策，只击破敌人的『军』就差些；使敌人全旅完整地降服是上策，只击破敌人的『旅』就差些；使敌人全『卒』完整地降服是上策，只击破敌人的『卒』就差些；使敌人全『伍』完整地降服是上策，只击破敌人的『伍』就差些；因此，即使是每战必胜，也不是高明中最高明的，不战而使敌人屈服，才算得是。

百步穿杨

【成语释义】

比喻射箭技艺高超，并引申为本领非常高强。

【典故出处】

《战国策·西周策》。

【成语故事】

楚国有个著名的射箭手养由基。此人年轻时就勇力过人，练成了一手好箭法。当时还有一个叫潘虎的勇士，也擅长射箭。一天，两人在场地上比试射箭，许多人都围着观看。靶子设在五十步外，那里撑起一块板，板上有一个红心。潘虎拉开强弓，一连三箭都正中红心，博得围观的人一片喝彩声。潘虎也洋洋得意地向养由基拱拱手，表示请他指教。养由基环视一下四周，说：『射五十步外的红心，目标大、近，还是以百步外的柳叶为目标吧！』说罢，他指着百步外的一棵杨柳树，叫人在树上选一片叶子，涂上红色作为靶子。接着，他拉开弓，『嗖』的一声射去，结果箭正好贯穿这片杨柳叶的中心。在场的人都惊呆了，潘虎自知没有这样高明的本领，但又不相信养由基箭箭都能射穿柳叶，便走到那棵杨柳树下，选择了三片杨柳叶，在上面用颜色编上号，请养由基按编号次序再射。养由基走前几步，看清了编号，然后退到百步之外，拉开弓，『嗖』『嗖』『嗖』三箭，分别射中三片编上号的杨柳叶。这一来，喝彩声雷动，潘虎也口服心服。

就在一片喝彩声中，有个人在养由基身旁冷冷地说：『喂，有了百步穿杨的本领，才可以教他射箭了！』养由基听此人口气这么大，不禁生气地转过身去问道：『你准备怎样教我射箭？』

那人平静地说：『我并不是来教你怎样弯弓射箭，而是来提醒你该怎样保持射箭名声的。你是否想过，一旦你力气用尽，只要一箭不中，你那百发百中的名声就会受到影响。一个真正善于射箭的人，应当对名声更加注重！』

养由基听了这番话，觉得很有道理，再三向他道谢。

这个故事还引申出另一条成语『百发百中』。

百川归海

【成语释义】

表示众多的事物汇集一处，也用来比喻大势所趋，众望所归。

【典故出处】

《淮南子·记论训》。

【成语故事】

刘邦的孙子刘安，是西汉的思想家、文学家，袭父封为淮南王。他爱好读书鼓琴，才思敏捷，曾召集数千名懂得兵法、天文、医学、历算、占卜的人。集体编写了一部数十万字的书《鸿烈》，也称《淮南子》。《淮南子》中有一篇《记论训》，讲了人类社会发展的一些情况，它的基本观点是符合历史唯物主义的。

文章写道：我们的祖先早先住在山洞里和水旁边，衣着非常简陋。生活十分艰苦。后来出了圣人，他们带领人们建造宫室；这样人们才从山洞里走出来，住进了可以躲避风雨寒暑的房子。圣人又教人们制造农具和兵器，用来耕作和捕杀猛兽，使人们的生活比过去有了保障。后来。圣人又制礼作乐，订出各种各样的规矩，使人们有了礼节和约束。

由此可见，社会是不断发展的，人们不是老用一个方式生活。所以对古时候的制度，如果不再适合使用，就应该废除，而对于现在的，如果适合使用，就应该发扬。像千百条来自不同源头的江河，最后都会归流入大海一样，各人做的事不同，但都是为了更好地治理社会，过更美好的生活。

百感交集

【成语释义】

无数感触交融汇集在一起，形容心情复杂，感慨无比。交：一齐，同时。

【典故出处】

《世说新语·言语》。

【成语故事】

晋怀帝时，卫玠（jiè）任太子洗马（太子的侍从官）。他精读《易经》《老子》，说话非常深刻。

这时，西晋统治集团内部矛盾重重。持续十六年之久的『八王之乱』给国家和人民造成了深重的灾难。北方的匈奴贵族刘裕乘机起兵入侵。晋怀帝永嘉三年（309年），匈奴军队两次长驱直入，一直打到西晋都城洛阳，但都被西晋军队击退。面对动荡不安的时局，卫玠决心把家迁往南方。他的哥哥卫璪（zǎo）在朝廷担任官职，母亲不忍心和卫璪分离，卫玠劝她要以家庭大计为重，终于说服母亲同意南迁。

永嘉四年，卫玠告别哥哥，离开洛阳，带着母亲和妻子一起南下。卫玠一向体弱多病，一路上步途跋涉，餐风饮露，经受了千辛万苦。在将要渡长江的时候，他的神情容貌都显得憔悴不堪。他对左右的人说：『见到这白茫茫的江水，心里不由得百感交集。只要是一个有感情的人，又有谁能排遣这万千的思绪和感慨呢？』

由于社会动荡，卫玠南迁也没有能够安居乐业。过江不久，妻子不幸亡故。他辗转到达建康（今江苏南京），于永嘉六年（312年）病逝，年仅27岁。

百折不挠

【成语释义】

受到一百次挫折也不动摇，形容不论经受多少挫折，绝不屈服退缩的坚强品格。

【典故出处】

东汉蔡邕的《蔡中郎集·太尉桥玄碑》。

【成语故事】

东汉的桥玄，睢阳人，性情刚直，疾恶如仇，敢于同坏人坏事斗争。

年轻的时候，桥玄在本县当功曹。有一次，豫州刺史周景来到睢阳，他向周景揭发了豫州『陈国相』羊昌的罪恶，请求周景派他去查办。周景同意后，桥玄首先把羊昌的宾客全部抓起来，详细调查羊昌的罪行。羊昌的靠山、当朝大将军梁翼知道这个消息，派人飞马传来檄文搭救羊昌，周景也接到圣旨，要他召回桥玄。桥玄退还檄文，更加抓紧办案，终于使羊昌受到惩罚。桥玄也由此出了名。

汉灵帝时，桥玄当上了尚书令，他掌握了太中大夫盖升仗着与灵帝有交情，在做南阳太守时大肆收受贿赂、搜括大量财富的事实。就向汉灵帝上奏，要求罢免盖升，抄没他搜刮来的财产。汉灵帝不但不查办盖升，反而升了盖升的官。桥玄于是托病辞职，回了老家。

桥玄在京城任职的时候，有一次，他十岁的小儿子在门口玩，突然有三个强盗劫持了孩子，冲到楼上，向桥玄勒索财物。消息传开，校尉阳球向河南府尹、洛阳县令带兵包围了桥玄的家。

阳球等怕动手时伤了孩子，不敢进攻，桥玄大声喝道：『强盗无法无天，难道能为了我的孩子而放纵这些恶贼吗？』他催促阳球等发动进攻，杀死了强盗，他的小儿子也因此丧生。

桥玄死时，家里没有什么遗产，殡葬也非常简单，他坚毅果断、勇往直前的精神，受到人们的赞扬。东汉著名文学家蔡邕在《太尉桥玄碑》中说：『他的性情严肃，嫉恨奢华，崇尚俭朴，有百折不挠、在重大原则问题上绝不改变自己意志的气概。』

百尺竿头，更进一步

【成语释义】

比喻纵然取得了显著的成绩，也不能自我满足，仍要继续努力，以求更大进步。

【典故出处】

北宋和尚道原《景德传灯录》招贤大师偈（jì）。

【成语故事】

北宋的时候，有一个名叫招贤的和尚，在他每日念诵的佛经中有这样几句唱词：『百尺竿头不动人，虽然得入未为真，百尺竿头须进步，十方世界是全身。』

百尺竿头：并非就是百尺，泛指很高的竿子，佛教比喻修行到了极高的境界；十方世界：整个宇宙，万千世界。这段话的意思是：修行到了百尺竿头这样的境界，也不可自满自足，还要继续努力，这样整个宇宙就可以存乎自己的一身了。这本是佛家极端的主观唯心主义的表现。

后来人们把它的原意摈弃了，把『百尺竿头须进步』引申为『百尺竿头，更进一步』。

尽善尽美

【成语释义】

形容完美无缺。

【典故出处】

《论语·八佾（yì）》。

【成语故事】

孔子生活在春秋末期的一个动荡的社会中。他出身贫穷，社会地位很低。长大成人以后，曾做过管理仓库的小官吏，也做过管理牧场的小官吏，由于工作出色，才被升任为司空。后来，鲁昭公又派他到周王朝的京城洛阳去请教礼仪方面的知识。孔子在洛阳时，还专门去拜访了著名思想家李耳（即老子）。在孔子临走之际，老子不仅给他送行，还赠送给他这样几句话：『聪明深察而近于死者，好议人者也；博辩广大危其身者，发人之恶者也。为人子者毋以有己，为人臣者毋以有己。』大意是：『过于聪敏精明，又爱议论别人的人有死亡的危险；过于喜欢辩论、揭露别人罪恶的人一定会危及自身。做儿子的应该只知道有父母，做臣子的应该只知道有主子，不应该想到自己。』这是老子用特别的方式表达了自己立身处世的哲学。

孔子从周都城学习礼仪回到鲁国以后，跟他学习的学生也多起来了。可在他三十五岁那年，鲁国国内发生了变乱，孔子来到附近的齐国避乱，做了齐国大夫高昭子的家臣。有一次，他跟齐国的乐官谈论音乐，听到了美妙的《韶》乐，孔子非常兴奋。《论语》记载说：

子在齐，闻《韶》，三月不知肉味。曰：『不图为乐之至于斯也。』

韶：虞舜时的乐曲名。这段话的大意是：孔子在齐国听到美妙的韶乐，很长时间尝不出肉味，于是他感慨地说：『想不到欣赏音乐竟能到了这种境界。』

在齐国，孔子不仅欣赏了虞舜时期的《韶》乐，也欣赏了周武王时代的《武》乐。对此，孔子通过比较发表了评论，《论语·八佾》记载：

子谓《韶》，『尽美矣，又尽善也。』谓《武》，『尽美矣，未尽善也。』

尽：极，完全；美：指声音、声调美好；善：指内容纯正。

这段话的大意是：孔子认为《韶》乐：『美极了，也好极了。』认为《武》乐：『美极了，但还不够很好呀。』

孔子对《韶》乐与《武》乐的评价，其中隐含了他的政治标准。他认为舜的天子之位是由尧禅让而来，故认为舜时的乐曲不但音调极好，内容也极好；而周武王的天子之位是由讨伐商纣而来的，照孔子看来，不管怎么说，内容都是不够『纯正』的。

夙兴夜寐

【成语释义】

形容起早晚睡，勤奋劳作。夙（sù）：早；兴：起来；寐：睡。

【典故出处】

《诗经·卫风·氓》。

【成语故事】

《氓》这首诗的第五章写的是被遗弃的女子诉说了自己在丈夫家受到的虐待，以及被遗弃回到娘家后遭到兄弟们的嘲笑。这章诗是：

三岁为妇，靡室劳矣；夙兴夜寐，靡有朝矣！言既遂矣，至于暴矣；兄弟不知，咥其笑矣！静言思之，躬自悼矣。

靡（mǐ）：不，没有；遂：顺心，满足；咥（xì），大笑貌；躬：自身；悼：悲伤。

这章诗的大意是：自从做了你的媳妇，从不以家务事为劳苦。早早起，迟迟睡，哪一天不都是这样！你的心愿得到满足，你就对我粗暴不善良。娘家兄弟们不知这些情况，反倒把我嘲笑。静静地仔细地思量，我只能独自一个人承受悲伤。

安居乐业

【成语释义】

指安定愉快地生活和劳动。安：安定；乐：喜爱，愉快；业：职业。

【典故出处】

《老子》。

【成语故事】

老子是春秋时期的著名哲学家和思想家，姓李名耳，字聃。据说他刚生下来的时候，就是一个白头发、白胡子的小老头儿，所以人们称他『老子』；还说他是在一棵李树下出世的，所以姓李；又因为他耳朵长得特别大，所以名『耳』。

实际上，『老子』是后人对李耳的尊称。老子对当时的社会不满，并反对当时社会上出现的革新浪潮，想走回头路。他怀恋着远古的原始社会，认为物质的进步和文化的发展毁坏了人民的淳朴，给人们带来了痛苦，所以渴望出现『小国寡民』的理想社会。

老子这样描绘他所设想的『小国寡民』社会：国家很小，人民稀少。即使有许许多多的器具，也不去使用它们。不要让人民用生命去冒险，也不向远处迁移，即使有车辆和船只，也无人去乘坐它们，即使有兵器装备，也无处去使用它们。要使人民重新使用古代结绳记事的方法，吃得很香甜，穿得很舒服，住得很安逸，满足于原有的风俗习惯。邻近各国互相望得见，鸡鸣狗叫互相听得见，但是人们直到老死，也不互相往来。

安然无恙

【成语释义】

形容一切都很正常，没有受到什么损害。恙（yàng）：灾祸、病痛等忧愁之事。

【典故出处】

《战国策·齐策四》。

【成语故事】

赵惠文王的妻子赵威后，是战国时期一个比较开明、贤达的妇女。她协助赵惠文王把国家治理得比较好，因而在诸侯王里很有威望。

有一次，齐襄王特意派使臣带着国书去向赵威后问好。赵威后接过国书，连看也没看，就向齐国使臣问道：『岁亦无恙耶？民亦无恙耶？王亦无恙耶？』意思是：贵国今年的年成好吗？老百姓没有什么大的病痛、灾难吧？齐王也好吗？

齐国使臣听了，很不满意，就说：『王后啊，我是奉齐王的命令，专程来向您问候的，按照礼仪，您也该先向齐王问好，而现在您却先问年成的丰歉、百姓的生活，最后才提到我们齐王，这不就是抬高低贱而压低尊贵了吗？』

赵威后听后，就耐心地开导他说：『不然。苟无岁，何有民？苟无民，何有君？故有问。舍本而问末者耶！』意思是：你说得不对。想想看，要是没有好年成，百姓哪里会有好日子过？如果没有百姓的好日子过，没有百姓，又哪还有君王？所以，我就这样问了。难道能要我丢掉根本而去问细小的事情，或者本末倒置吗？

根据这个故事，后来人们便把『岁亦无恙耶？民亦无恙耶？王亦无恙耶？』简化引申为『安然无恙』。

华而不实

【成语释义】

原指光开花不结果；现多用来比喻外表好看，内里不实在，或夸夸其谈，言过其实的浮夸作风。

华：花，美好；实：果子，实在。

【典故出处】

《左传·文公五年》。

【成语故事】

公元前622年，晋襄公手下有个大臣叫阳处父，他平时喜欢高谈阔论，好自以为是地教训人。有一次，他奉襄公之命去卫国访问，回来的时候路过鲁国的宁城。宁城有个叫宁嬴（yíng）的人陪他同行。可是，刚走了几天，宁嬴离开阳处父独自回家来了。宁嬴的妻子很纳闷，便问他为什么这么快就回来了。宁嬴回答说：『我虽然同阳处父相处只有几天，但我发现他这个人性情刚强偏激，好讲空话，不办实事，这就好比是一株树只开着很好看的花，可就是不结果子。』宁嬴叹了口气，颇为感慨地继续说：『且华而不实，怨之所聚也。』意思是：你想想看，像这样华而不实的人，别人定然都很怨恨他。积怨多了，我再跟着他，不仅不能得到好处，反而会受连累的。所以，我就赶早地回来了。

果然，一年以后，阳处父就被人杀了。

根据这个故事，后来就引出了『华而不实』。

众叛亲离

【成语释义】

比喻群众反对，亲信离去，处境十分孤立。叛：背叛；离：离开。

【典故出处】

《左传·隐公四年》。

【成语故事】

公元前719年，卫国公子州吁，杀死了自己的哥哥卫桓公，做了国君。他为了转移国内人民的不满，就对邻近的郑国发动进攻。

鲁国的国君隐公知道这些事后，就问他的大夫众仲说：『州吁这样干能长久得了吗？』

众仲回答说：『阻兵无众，安忍无亲；众叛亲离，难以济矣。』意思是：州吁倚仗着他的武力，到处兴风作乱，人民不会拥护他的；他对人残酷无情，杀害贤良，使自己很孤立。这样一来，人民反对他，亲信的人也会逐渐地离开他，这哪有什么成事的希望啊！

结果，州吁篡位不到一年，就被卫国的老臣石碏联络陈国杀死了。

根据这个故事，后来人们引出了『众叛亲离』。

妄自菲薄

【成语释义】

形容过于小看自己的自卑心理。妄：胡乱；菲薄：轻视，小看。

【典故出处】

三国蜀相诸葛亮《前出师表》。

【成语故事】

诸葛亮在《前出师表》中，在规劝刘禅要广开言路，明察并采纳群臣有益的言论，广泛倾听他们的意见，要奋发自勉，树立起完成统一事业的信心时，写道：

诚宜开张圣听，以光先帝遗德，恢宏志士之气，不宜妄自菲薄，引喻失义，以塞忠谏之路也。

圣：古时对皇帝的尊称，这里指刘禅；光：发扬；遗德：遗留下来的美德；恢宏：扩大，振奋；塞：堵塞。

这段话的意思是：陛下确实应该广泛听取群臣的意见，使先帝遗留下来的美德得到发扬，振奋起志士的勇气，不应当毫无根据地看轻自己，言谈称引、譬喻不恰当，以致堵塞了群臣忠心进谏的道路。

妄自尊大

【成语释义】

比喻盲目地自高自大。妄：狂妄，过分地；尊：高贵。

【典故出处】

《后汉书·马援传》。

【成语故事】

马援，东汉初年一员大将，辅助光武帝建立和巩固国家，南征北战，战功赫赫，号称『伏波将军』。他在投奔光武帝之前，曾是东汉初年占据甘肃一带自封为西州上将军的隗嚣手下的将领。

那是光武帝刚刚建立起东汉政权之初，全国并没有完全统一，仍有不少割据势力。除甘肃的隗嚣外，最大的割据势力之一就是公孙述，他在成都自称皇帝。当时，隗嚣为了找条出路，便派马援赴蜀。马援心想，公孙述是自己的老朋友，又是同乡人，这次相见必然会受到热情接待。没料到，到了成都后，公孙述却摆出皇帝的姿态，威风凛凛地高居殿上，台阶下站着许多卫士，然后要马援上殿以礼相见。马援对此很不满意，虽然公孙述和他手下许多人都要让马援留在成都，并封为大将军。但马援认为，公孙述并不是一个能任用有才之士并与之共同建功立业的人，很快就告辞而回。

马援回来后，在向隗嚣报告情况时，感慨地说：『子阳（公孙述号）井底蛙耳，而妄自尊大，不如专意东方。』东方：指洛阳，即刘秀。意思是：公孙述知识浅薄目光短浅，像井底之蛙，自以为了不起，一定成不了什么大事，我们不如拿定主意到东方（指光武帝）去找出路吧。

根据这个故事，后来人们就引出了『妄自尊大』。

论功行赏

【成语释义】

表示按功劳的大小，给予封赏。

【典故出处】

《史记·萧相国世家》。

【成语故事】

刘邦夺取了政权，当上了皇帝后，要对功臣们评定功绩的大小，给予封赏。（参看『汗马功劳』）

刘邦认为，萧何的功劳最大，要封他为郧侯，给予的封户也最多。群臣们对此不满，都说：『平阳侯曹参身受七十处创伤，攻城夺地，功劳最多，应该排在第一位。』

这时，关内侯鄂千秋把刘邦要讲而未讲的话讲了出来：『众位大臣的主张是不对的。曹参虽然有转战各处、夺取地盘的功劳，但这是一时的事情。大王与楚军相持五年，常常失掉军队，只身逃走也有好几次。然而，萧何常派遣军队补充前线。这些都不是大王下令让他做的。汉军与楚军在荥阳时对垒数年，军中没有口粮，萧何又用车船运来粮食。如今即使没有上百个曹参，对汉室也不会有损失，怎么能让一时的功劳凌驾在万世的功勋之上呢？应该是萧何排在第一位，曹参居第二位。』刘邦肯定了鄂千秋的话，于是确定萧何为第一位，特许他带剑穿鞋上殿，上朝时可以不按礼仪小步快走。

多多益善

【成语释义】

比喻越多越好。益：更加。

【典故出处】

《史记·淮阴侯列传》。

【成语故事】

韩信是汉高祖刘邦手下一员著名的大将。他年轻时候，家境贫寒，曾经吃过漂母（帮人洗衣的老妇）之食，受过胯下之辱，但他立志要干一番大事业，熟读兵书，研究用兵之道，学得了一身本事。

在秦末农民起义的战争中，他开始依附项羽，后又归顺刘邦。在楚汉战争中，他帮助刘邦打败项羽，统一中国，屡建战功，被封为楚王。刘邦做了皇帝后，对功臣们起了猜忌之心，害怕他们起来造反，于是就采用陈平的计谋，以谋反罪把韩信捆绑着从封地下邳带回洛阳，降为淮阴侯。

从此，韩信只好在首都长安闲居在家。他知道刘邦忌妒他的才能，就常常装病不去早朝。有一次，刘邦问韩信：『像我这样的人，要是当将军带兵打仗，能带多少兵啊？』韩信回答说：『陛（bì）下不过能将十万。』意思是：您最多不过能带十万兵马。刘邦又问：『那么你能带多少呢？』韩信有点得意忘形、自信地说：『臣多多益善耳。』意思是：我么，越多越好啊！

刘邦听了，忍不住笑了起来，讥讽地说：『你既然带兵越多越好，那为什么又被我擒住了呢？』韩信弄得很尴尬，只得改口说：『陛下虽不善多带兵，但善于使用和驾驭将领，这就是我被你擒住的原因。』

根据这个故事，后来人们便把『多多益善』引申为成语。

伤风败俗

【成语释义】

常用于谴责不正当的行为。伤：损伤。败：败坏，败坏社会风气。

【典故出处】

唐·韩愈《论佛骨表》。

【成语故事】

唐宪宗时，佛教盛行，连宪宗也笃信佛教。有一次，宪宗把传说是佛祖释迦牟尼的一块遗骨迎进宫内供奉。韩愈反对宪宗这一做法，特地写了《论佛骨表》，呈交给宪宗进行谏阻。（参看『千载难逢』）

在《论佛骨表》中，韩愈说：佛教是从外国传来的，中国古时候根本没有。尧、舜、禹等古代圣人不知道有什么佛教，但他们把国家治理得很好；他们在位的时间长，寿命也很长。佛教是从东汉明帝时期传入中国的，明帝在位只有18年，宋、齐、梁、陈和北魏后的各个朝代，对佛教无比信奉，但那些朝代的命都很短。就拿梁武帝来说吧，他祭祖不用牲畜，自己不吃荤，还三次出家当和尚，结果还是被叛军包围，活活饿死。他本想求佛得到保佑，但悲惨死去。现在，陛下把佛骨迎到宫里来供奉，使王公大臣们奔走施舍，浪费大量的财富。有的百姓愚昧无知，甚至发狂地烧自己的身体，以表示自己对佛的虔诚。这败坏风俗的事，会被人们当作笑话四处传播，可不是一件小事啊！依我看来，应当把那块佛骨扔进水里或者投入火中才是！

扬眉吐气

【成语释义】

形容长期被压抑的心情得到舒展后高兴的神情。

【典故出处】

唐代李白《与韩荆州书》。

【成语故事】

韩荆州，即韩朝宗，唐玄宗开元年间曾任荆州长史。韩朝宗能荐拔后进之士，当时的崔宗之、严武等人都得到过他的推荐。李白自二十五岁时出蜀到各地漫游，足迹遍及半个中国，写下了许多著名的诗篇。

李白是一位有才气有抱负的人，他在漫游到荆襄时，便给韩朝宗写了这封信以自荐，希望能得到一个机会施展自己的抱负和才能。信中称赞了韩朝宗的举贤任能，讲到自己的才智和抱负，希望能得到推荐或任用。尽管这是一封恳求别人的信，但写得豪气逼人，不卑不亢。

信中，李白为了得到韩朝宗的推荐和帮助，写道：『今天下以君侯为文章之司命，人物之权衡，一经品题，便作佳士。而今君侯何惜阶前盈尺之地，不使白扬眉吐气，激昂青云耶？』

君侯：封建时代对大官的尊称，这里是对韩朝宗的敬称；司命：星名，古时迷信认为它主管人的生死和赏罚善恶，这里指品定文章的权威；权衡：称东西的器具。权，秤锤；衡，秤杆。这里引申为衡量的标准；品题：评定的意思；佳士：品学兼优的人；盈：满。

这段话的意思是：现在天下的人都把您当作品评文章优劣的权威、衡量人品高下的标准，一经得到您的赞许，就会成为公认的优秀之士。您为何舍不得阶前不满一尺之地而接见我，以让我受压抑的心情得以舒展，青云直上地去实现自己的抱负呢？

后来，『不使白扬眉吐气』被简化引申出『扬眉吐气』。

各得其所

【成语释义】

指每个人都得到适当的安置；有时也用来指每件事都得到了适当的安排。

的东西。

【典故出处】

《周易·系辞下》：『交易而退，各得其所。』意思是：集市交换散去后，各人都得到了自己所需要的东西。

【成语故事】

《汉书·东方朔传》载有这样一个故事：西汉时候，汉武帝刘彻的妹妹隆虑公主的儿子昭平君，平日胡作非为。当隆虑公主身患重病之时，她担心自己死后儿子劣迹不改，可能会触犯刑律，被判死罪，于是便对武帝讲了这件事，并愿拿出一千斤金和一千万钱为昭平君预赎死罪。武帝当时同意了。果然，隆虑公主死后不久，昭平君便因酒后杀人，被捕入狱。按刑律，杀人要判死罪的。对此，汉武帝真是左右为难：判死罪吧，妹妹就只有这么一个儿子，临终时还托付给自己了，实在不忍心；赦免吧，又害怕难以平息众人的愤怒，再加之因此而破坏法令，更怕失信于民。刘彻流着眼泪，叹息了一会，还是批准判了昭平君的死刑。

这时，有一个善辞赋、性格诙谐的太中大夫东方朔，便走上前去向武帝祝酒说：『我听说圣明的帝王执政，赏功不避仇敌，罚罪不择骨肉。这两点您都做到了，「是四海之内，元元之民，各得其所，天下幸甚」。』意思是：这样全国的老百姓就会安居乐业，这真是国家的大幸啊！

当时汉武帝难过得一声没吭，便回宫去了。傍晚，汉武帝又召见东方朔，说：『你为什么要在我悲痛的时候向我祝酒呢？』东方朔回答说：『您秉公办事、执法不阿是值得称颂的，这是不应该悲伤的。』东方朔的回答，武帝很满意，便赏了他一百匹帛。

根据这个故事和记载，便引出了『各得其所』。

衣冠楚楚

【成语释义】

形容穿戴整齐、漂亮。

【典故出处】

《诗经·曹风·蜉蝣》。蜉蝣：一种昆虫，体软弱，翅半透明，成虫寿命不长，短的数小时或一二日，长的约一周，一般均朝生暮死。

【成语故事】

曹，国名。周武王封其弟叔铎（duó）于曹，建都陶丘（今山东定陶西北），名为曹国，春秋哀公八年为宋景公所灭。曹国是小国，统治区在今山东菏泽地区一带。曹风便是产生于这一地区的作品。

《蜉蝣》这首诗，是讽刺小国处于危亡之时，而那些当权的君臣还只知道整饰衣服，讲究场面，置国家的忧患而不顾。诗中以蜉蝣喻人，以蜉蝣的羽翼喻衣裳。全诗共三章：

蜉蝣之羽，衣裳楚楚。心之忧矣，于我归处。

蜉蝣之翼，采采衣服。心之忧矣，于我归息。

蜉蝣掘阅，麻衣如雪。心之忧矣，于我归说。

楚楚：鲜明，漂亮；采采：众多；掘阅：窟穴，谓昆虫始生时穿穴而出。

诗的大意是：朝生暮死的蜉蝣的羽翼，穿着鲜明漂亮的衣裳。心里的忧伤呀，究竟归依何处？朝生暮死的蜉蝣的羽翼，穿着形形色色的衣服。心里的忧伤呀，究竟何处归息？朝生暮死的蜉蝣的窟穴，穿上的朝服庭衣像雪一样的白。心里的忧伤呀，究竟何处归宿？

后来，人们把『衣裳楚楚』引申为『衣冠楚楚』。

机不可失

【成语释义】

指时机难得，必须抓紧，不可错过。机：时机。

【典故出处】

《旧唐书·李靖传》。

【成语故事】

唐朝初期，北方的东突厥的骑兵不断来骚扰边境，给当地人民的生命财产造成了极大的损失，并威胁着首都长安的安全。朝廷派大将李靖和李勣（jì）率兵出击，打得东突厥军队仓皇退逃。东突厥首领颉利可汗为了获得喘息的机会，假装向唐太宗求和。唐太宗同意了，并派使臣去抚慰突厥军队。这时，李靖认为『机不可失』，应乘此良机一举消灭颉利可汗，于是亲自率领一万骑兵奔袭东突厥兵营地，打得毫无防备的乱军四处逃窜，并俘获了颉利可汗。

妇人之仁

【成语释义】

比喻处事不识大体，姑息优柔。

【典故出处】

《史记·淮阴侯列传》。

【成语故事】

公元前206年，汉王刘邦拜韩信为大将军。任命韩信为大将军的仪式结束后，韩信在向刘邦谈论项羽的为人时，韩信讲了这样几句话：『然臣尝事之，请言项王之为人也。项王喑恶叱咤，千人皆废，然不能任属贤将，此特匹夫之勇耳。项王见人恭敬慈爱，言语呕呕，人有疾病，涕泣分食饮，至使人有功当封爵者，印玩敝，忍不能予，此所谓妇人之仁也。』

喑（yīn）恶（wù）：发怒；废：不敢动；呕（xū）呕：言谈温和；玩敝：玩弄到损坏的程度。

这段话的意思是：我曾经为项王做过事，就让我来谈谈他的为人。项王发怒咆哮的时候，能使千百人为之吓倒，由此可见他是很勇猛的，但是他不能任用贤能的将领，他不过是匹夫之勇罢了。项王对人恭敬仁慈，言谈温和，有人生病，他能同情得流下眼泪，并把自己的食物分给他吃；但是等到人家有了功劳应当封侯封爵的时候，即使刻好了印，拿在手里玩得磨损了，还舍不得给人家，这便是所谓的妇人之仁慈啊！

根据这段故事，就引出了『妇人之仁』。

决一雌雄

【成语释义】

指比一比高下，决一胜负。决：比；雌雄：比喻高低、胜负。

【典故出处】

《史记·项羽本纪》。

【成语故事】

公元前203年，楚、汉两军长期相持，胜负未决，年轻力壮的苦于行军打仗，年老体弱的疲于水陆运输。当时，项、刘两军对峙于广武山（今河南荥阳市东北），山上有东、西两城，两城之间隔着广武涧。当时刘邦屯兵西城，项羽屯兵东城，项羽同刘邦隔着广武涧对话。项羽对刘邦说：『天下汹汹数岁者，徒以吾两人耳，愿与汉王挑战决雌雄，毋徒苦天下之民父子为也。』意思是：几年来天下一直动荡不安，就是我们两个人的缘故，我愿意向你挑战，决一胜负，不要使百姓跟着受苦。

刘邦笑着回答说：『吾宁斗智，不能斗力。』意思是：我宁愿同你斗智，不和你斗力。

项羽就命令壮士出营挑战，刘邦就数说项羽的负约、杀义帝种种罪行，项羽越听越气，再次要求决战。刘邦仍不理睬，项羽用隐伏的弩箭，射中了刘邦。刘邦受伤后，就回成皋（今河南荥阳市汜水镇）养伤去了。

根据这个故事，就引出了『决一雌雄』。

老马识途

【成语释义】比喻对某件事很熟悉和很有经验的人，往往能解决其中的疑难问题。

【典故出处】《韩非子·说林上》。

【成语故事】

公元前663年春天，齐国的国君齐桓公，应燕国的请求，带着管仲、隰（xí）朋去讨伐入侵燕国的山戎（róng）。山戎国战败后，国王逃到了孤竹（今河北迁安一带），齐桓公跟踪追击，又把孤竹国的军队打得落花流水。孤竹国的国君逃进深山，齐桓公带领人马走进迷谷。那里一片荒山野岭，几天都找不到一点水喝，兵士们渴得嗓子冒了烟，走不动路，死亡的人越来越多，大夫隰朋就向桓公建议说：『蚂蚁冬天居住在向阳的坡地，夏天居住在背阴坡，蚂蚁窝总是筑在水源上面的，找蚂蚁窝掘水，或许能行！』于是，兵士们就奋力挖掘，果然在蚂蚁窝下的土层里找到了水源。

孤竹国远离齐国，这场战争打得确实够艰苦的了，一直打到今天才结束。当齐军返回时，由于春天的景物和冬天的景物，全不一样了，竟在茫茫无边的沙漠里，迷失了道路。齐军乱成一团，桓公急着找人带路，以摆脱困境。可是在这荒凉的沙漠里，哪来向导呢？

这时，相国管仲忽然想到马能识路，就对齐桓公说：『老马之智可用也。』意思是：我听说，老马走过的路它都记得，我们就用老马来带路吧。齐桓公采纳了他的建议，乃挑选了几匹老马让它们走在前面，人们就跟在后面，果然转来转去，找到了回去的路。

后来人们就把这个故事概括为『老马识途』。

老生常谈

【成语释义】

老书生常讲的话，没有新的意思。比喻听惯听厌的话。

【典故出处】

《三国志·魏志·管辂传》。

【成语故事】

管辂是三国时候的人，他从小勤奋好学、才思敏捷，尤其喜爱天文。十五岁时，已熟读《周易》，通晓占卜术，渐渐有了小名气。日子一久，名声传到吏部尚书何晏、侍中尚书邓飏耳里，这天，正好是农历十二月二十八日，这两个大官吃饱喝足后，闲着无聊，便派人把管辂召来替他们占卜。

何晏和邓飏是曹操侄孙曹爽的心腹，倚仗权势，胡作非为，名声恶劣。管辂考虑了一会儿，想趁这个机会好好教训他们一顿，灭灭他们的威风。何晏一见管辂，就大声嚷道：『听说你的占卜很灵验，快替我算一卦，看我能不能再有机会升官发财。另外，这几天晚上我还梦见苍蝇总是叮在鼻子上，这是什么预兆？』管辂想了一想，说：『从前周公忠厚正直，辅助周成王建国立业，国泰民安；现在你的职位比周公还高，可感恩你的人很少，惧怕你的人却很多，这恐怕不是好预兆。你的梦按照卜术来测，也是个凶兆啊！』管辂接着又说：『要想逢凶化吉，消灾避难，只有多效仿周公等大圣贤们，发善心，行善事。』邓飏一旁听了，很不以为然，连连摇头说：『这都是些老生常谈，没什么意思。』何宴脸上铁青，一语不发。管辂见了，哈哈一笑：『虽说是老生常谈的话，却不能加以轻视啊！』

不久，新年到了，传来消息说何宴、邓飏与曹爽一起因谋反而遭诛杀。管辂知道后，连声说：『老生常谈的话，他们却置之不理，难怪有如此下场啊！』

汗流浃背

【成语释义】

比喻万分惭愧或惊恐；有时也形容满身大汗。浃（jiā）：湿透。

【典故出处】

《史记·陈丞相世家》。

【成语故事】

汉高祖刘邦死后，吕后专权，妄图把刘姓王朝变为吕家的天下。吕后死了，陈平与周勃合谋，杀了诸吕，让代王刘恒做了皇帝，这就是汉文帝。汉文帝即位以后，封陈平为左丞相，周勃为右丞相。那时候，右丞相是朝廷里最高的官，协助皇帝管理国家大事。

过了一段时间，文帝逐渐熟悉了国家的情况。有一天，大臣们上朝，他问右丞相周勃，说：『全国一年审理和判决了多少案件？』周勃为难地回答说：『不知道。』汉文帝又问：『全国一年当中收入和支出的钱粮有多少？』周勃惭愧地回答说：『不知道。』这时候，『汗出沾背，愧不能对』。意思是：他惭愧得急得出了身冷汗，把脊梁都湿透了。

文帝转身又问左丞相陈平。陈平到底足智多谋，他说：『这些事情都有主管的人。皇上您要了解审理和判决的案件，可以询问廷尉；要了解钱粮的收支情况，可以把治粟内史找来询问。』

汉文帝听了陈平的回答，又问：『既然一切情况都有主管的人，那么你们又主管什么事情呢？』机灵的陈平又回答说：『丞相的主要职责是：在上帮助皇上，调理阴阳，顺从四时；在下哺育万物适时生长；在外镇抚四夷和诸侯；在内亲附百姓，使公卿大夫各尽其职。』

汉文帝这才满意地点点头说：『哦，是这样的。』

朝罢，大臣们走出宫廷。右丞相周勃既羞愧又埋怨地对陈平说：『你平时为什么不把答对皇帝的话教给我！』陈平笑着说：『你在其位，难道不知道自己的职责？倘若皇上要问长安城里有多少盗贼，你也要勉强对答吗？』

周勃自知才能不如陈平。过了一段时间便借口有病请求免去右丞相的职务，从此陈平就独自担任丞相。

自以为是

【成语释义】

比喻遇事不调查研究，主观武断，或不虚心，自以为自己总是对的。以为：认为；是：正确。

【典故出处】

《警世通言》。

【成语故事】

北宋杰出的政治家、文学家王安石，在他推行新法失败后，辞官回到金陵（今南京市）闲居。有一次，有个四十来岁的晚辈官员前来拜访。王安石亲切地接见了他，同他一起观赏山景，吟诗论文。那人住了几天，告辞去了，王安石感叹地说：像这样有才华的人，不知多少年后才能见到。这个人就是苏轼，北宋时期在文学上成就最大的一位才气横溢的文学家。

苏轼同王安石虽然在变法革新上观点各不相同，但在个人关系上确是很密切的，他们常常在一起谈论学问文章。

有一次，苏轼由外地回京，去见还在朝里做丞相的王安石。安石不在，苏轼在他的文几上发现了两句未完的诗稿：『西风昨夜过园林，吹落黄花满地金。』黄花即黄菊。诗的意思是，昨天夜里一阵秋风，把园林里黄菊吹落得满地都是。苏轼读过，不觉暗自发笑，他想：开在深秋的黄菊，是能耐久的。它敢与秋霜鏖战，即便丝干枯烂，也不易落瓣的。怎么能秋风吹上一吹，就能『吹落黄花满地金』呢？一时争强好胜兴起，便续上两句，嘲笑王安石一番：『秋花不比春花落，说与诗人仔细吟。』

后来苏轼到黄州去做官。时令恰是深秋，他邀请友人同去赏菊。哪知『菊花棚下，只见满地铺金，枝上全无一朵』。苏轼这才明白：自己过去懂得的是一些菊花不会落瓣之类的常识，然而『见不尽者，天下之事』，并不知黄州菊是例外的。错在自己不调查、不询问，自以为是，错的并不是被自己嘲笑的王安石啊！

自相矛盾

【成语释义】

比喻说话、做事，前后互相抵触。矛：古代一种长柄有刃的进攻用的兵器；盾：盾牌，古代打仗用来抵挡敌人刀箭的防御性武器。

【典故出处】

《韩非子·难势》。

故事说，人有鬻矛与盾者，誉其盾之坚：『物莫能陷也。』俄而又誉其矛曰：『吾矛之利，物无不陷也。』人应之曰：『以子之矛，陷子之盾，何如？』其人弗能应也。

鬻：卖；誉：称赞，夸耀；莫：没有什么；陷：刺破；俄而：不久；弗：不。

【成语故事】

故事的大意是说：战国时候，楚国有一个商人，他既卖矛又卖盾。有一天，他拿着矛和盾在街上叫卖，先夸耀自己的盾很坚固：『我这种盾，没有什么东西能刺破它。』过了一会儿，又举起他的矛向人吹嘘说：『我这矛啊，再锋利没有了，没有什么东西不能刺破的。』

旁边的人见他只顾自我吹嘘，说话前后抵触，不禁发出阵阵哄笑。这时，有人忍不住便问他说：『照这样说，就用你的矛来刺你的盾，结果会怎样呢？』

这个商人被问得张口结舌，答不上来。

后来人们根据这个故事，概括出『自相矛盾』。

自知之明

【成语释义】

比喻要正确地认识自己，估计自己。知：了解；明：清楚，看清事物的能力。

【典故出处】

《新唐书》，又见于《贞观政要》。

【成语故事】

唐太宗李世民在位期间，经常与群臣谈笑风生地议论朝政。有一次，他同大臣们议论起弓箭来。他说：他自幼喜欢弓箭，得到了十张良弓，就自以为再好不过了。可是给造弓的工匠一看，回答却是『皆非良材』。询问其故，工匠说：『木心不直，纹理偏斜，发出去的箭就不走直道。』

李世民说到这里，承认自己没有高明的辨别弓的本领，并感慨地说：『朕以弓矢定四方，识之犹未能尽，况天下之务，其能偏知乎！』意思是：我前半身跃马疆场，以弓箭统一了天下，但对弓箭也还没有透彻了解，何况对于世界上这么多的繁杂的事物呢，要想都了解那是难以办到的啊！

所以，唐太宗曾有过这样的经验之谈：『人，苦不自觉耳。』意思是，一个人，最怕的是缺乏自知之明。

《老子》三十三章，也有过这样的记载：『知人者智也，自知者明也。胜人有力，自胜者强。』意思是：能正确估计和了解别人的就是有智慧，能正确地了解和估价自己的就是聪明；能够战胜别人的就是有力量，能够克服和纠正自己的缺点、错误的人才是强大。

自惭形秽

【成语释义】

比喻自惭于某些方面不如别人。惭：惭愧；形秽（huì）：形态丑陋。

【典故出处】

《世说新语·容止》。

【成语故事】

晋朝的时候，『骠骑王武子，是卫玠（jiè）之舅，隽（jùn）爽有风姿，见玠辄叹曰：「珠玉在侧，觉我形秽。」』

这段话的意思是：有一位骠骑将军名叫王济。他人长得英俊，颇有风姿。但是他的外甥卫玠，长得更是眉清目秀，人们都夸他像玉石雕琢出来的。有一次，王济见到了卫玠，不禁自惭地感叹说：『卫玠在我的身旁，我就觉得自己丑陋了。』

根据这个故事，人们引出了『自惭形秽』。

任劳任怨

【成语释义】

比喻做事不辞劳苦，不怕受埋怨。任：担当；劳：劳苦；怨：埋怨，怨恨。

【典故出处】

《汉书·石显传》。

【成语故事】

公元前49年12月，汉元帝刘奭（shì）继位之后，朝廷的实权由两朝宦官石显所掌握。朝中不管任何事情，都得他转奏皇帝才能算。石显这个人很残忍，凡跟他意见不合或对他稍有怨言的大臣，都得遭殃。当时有几位比较正直的大臣，看不惯他的专权奸横，向元帝揭过他的短。石显怀恨在心，都以种种借口，杀得杀，关得关。石显干了不少这类的坏事，他怕走漏风声让元帝知道，便在元帝面前哭泣着说：『陛下您宠信我，让我担任了重要职务，但朝中许多大臣都嫉妒。「诚不能以一躯称快万众，任天下之怨」（意思是：我很愚笨，的确不能以一躯之身使众多的人都很满意，来担当天下人的埋怨）。您还是不要让我担当朝廷的要职了吧，我甘愿回到后宫去干扫除劳役，也不会有什么怨言。』一派委婉动听之辞，使汉元帝更加信任他，不但没有让他去职，反而给予厚赏。

根据这个故事，人们引申出了『任劳任怨』。

当头棒喝

【成语释义】

原指棒打呵斥可促人从迷茫中猛醒。现多用来泛指以比较激烈的方法和手段，使人觉悟；也比喻给人以严重警告。棒：用棒子打；喝：大声呵斥。

【典故出处】

佛典《传灯录》。

【成语故事】

古时候，有一个叫黄檗（音bò柏）的和尚，他身边有许多弟子。每当接待初学的人，这位古怪的和尚常常不问情由地当即给以一棒，或者大喝一声，要对方不假思索地立即回答问题，以考验其对佛理的诚心和领会的程度。

有一次，他的弟子临济初来，很想知道佛法是怎么回事，便去请教黄檗禅师。谁知道黄檗和尚还没开口，就当头给了临济一棒。临济挨了一棒，没闹清怎么回事，又问了一遍，这位古怪的禅师又给了他一棒。如此连问三次，连打三棒。临济在棒打之下似有省悟，猜测老师可能是让自己去研究。于是他便没敢再问了，自己去苦心研究，后来确有所得，弄明白了佛法的奥妙。

因地制宜

【成语释义】

比喻按照各地区的具体情况，采取适当的措施。因：依照，依靠；制：制订；宜：合适，适度。

【典故出处】

《吴越春秋·阖闾内传》。

【成语故事】

楚国的大夫伍奢的儿子伍员，在楚平王的迫害下，历尽艰辛逃到南方的吴国，受到了吴王阖闾的重用。有一次，吴王同伍员讨论治理国家的良策，阖闾说：『我想使国家强盛起来，不知你有什么好办法。』伍员回答说：『要想使国家富强，远近的国家都服从大王的指挥，首先要把城市防御工事修好，城墙要修得坚固高大；其次要把武器造得既多又好；再有，要发展农业生产，把粮仓装得满满的。』

吴王一心想做霸主，听了伍员的话，非常高兴，他对伍员说：『夫筑城郭，立仓库，因地制宜，岂有天气之数以威邻国者乎？』意思是：你的建议很好，就是要根据实际情况因地制宜地去搞好修筑城墙、加强战备、广积粮草这几件事，怎么能说这是上天的定数就征服邻国呢？

约法三章

【成语释义】

比喻用语言或文字规定几条大家必须遵守的条律。约：约定；章：条。

【典故出处】

《史记·高祖本纪》。

【成语故事】

公元前207年，楚汉相争之际，秦将章邯率二十万大军与项羽大战于巨鹿。刘邦趁秦军南线空虚挥师长驱直入，逼近秦王朝的都城咸阳。秦王子婴无力抵抗，只得出城投降。刘邦当即率军进入咸阳，他见到城内宏伟的宫殿，富丽堂皇，就想住进去享受一番。

武将樊哙责问他说：『您要得天下，还是要做个财主？如果要得天下，那就赶快退出城去，回兵霸上（离咸阳几十里的小镇）。』

谋臣张良也劝诫说：『秦朝灭亡的原因就在于秦帝追求享乐，致使百姓怨声载道，诸侯群起而攻之。这样，您才进了咸阳。如今你一进咸阳就想享乐，不是要走秦朝灭亡的老路吗？』

刘邦听后，恍然大悟，立即下令封闭宫室、宝库，退兵到霸上。为了安定民心，他又把各县的父老和有声望的人召集起来，对他们说，我与我的将士们与父老们约定个共同遵守的法令，共有三条：第一条，任意杀人的判处死刑；第二条，伤人的治罪；第三条，抢劫财物的惩罚。随后，刘邦又派人到各处去宣传他的『约法三章』，受到各地群众的欢迎，大家都拥护他为关中王。

争先恐后

【成语释义】

原指做事不能分神，要全力以赴；现在多用来比喻争先向前，唯恐落后，形容热烈紧张的场面。

【典故出处】

《韩非子·喻老》。

【成语故事】

春秋后期，晋国有个很有名的驾驭能手叫王子期。有一次，赵襄子向他学习驾车的技术，学习没多久，就自以为了不起啦，便要同王子期比比高低。比赛一开始，赵襄子刚把车赶到平原上，就挥鞭催马，同王子期双双飞快地追赶起来。结果赵襄子接连换了三次马，都远远落在王子期的后面。

赵襄子不高兴了，便把王子期叫到跟前，责备说：『你教我驾车，却没有把技术全都教给我嘛！』

王子期回答说：『我把我的技术都毫无保留地教给您了，可您在运用上有毛病。大凡驾车最重要的是要让马和车协调一致，套上车辕，宽紧要合适，要让马感到舒服。同时，驾车的人要特别注意马跑的情况，不断加以调整，这样马才能跑得快，跑得远。』

接着王子期又具体地指出赵襄子的毛病，说：『今君后则欲逮臣，先则恐逮于臣。夫诱道争远，非先则后也；而先后心皆在于臣，上何以调于马？此君之所以后也。』意思是：在比赛中，当你跑在前面的时候怕我赶上你，当你落在后面的时候又拼命想追上我，总是把注意力放在我身上，试问你哪里还能专心来驾车呢？这就是你落后的原因。

先发制人

【成语释义】

原指战争中的双方，先发动的往往处于主动地位，可以控制对方。现多用来泛指先下手、早下手就能争取主动。发：开始动作，发动；制：限制，约束。

【典故出处】

《史记·项羽本纪》。

【成语故事】

公元前209年，陈胜、吴广在大泽乡起义后，四处响应。这年9月，会稽（今浙江绍兴）郡郡守殷通，看到形势不妙，也怕会稽发生起义，就找到项羽的叔父项梁，说有要事相商，试探地说：『江西皆反，此亦天亡秦之时也。吾闻先即制人，后则为人所制。吾欲发兵，使公及桓楚将。』意思是：长江西北一带全都起来造秦二世的反，这是秦王朝将要灭亡的时候了。我听说，先发就能制人，后发则为人所制。我想发兵，请你和桓楚来率领。当时，桓楚这个人因触犯秦王朝的刑律逃亡在外，项梁也早有起义的准备。于是便推说，只有项羽才知道桓楚逃亡的地方，就把项羽叫进来，乘机杀死了殷通。项梁提着殷通的人头，带着郡守的大印，当众宣布起义。当地的老百姓本来都痛恨秦朝的官吏，现在项梁起来杀了郡守，真是大快人心。他们都拥护项梁做了会稽郡守，立项羽为偏将。

那时候，项羽是个二十四岁的青年。乡里亲友中年龄跟他差不多的年轻人，都知项羽的本事，都乐意跟他在一块儿干。不到几天工夫，项羽这位偏将就有了一支八千人的队伍。因为这些青年都是当地的子弟，旧时的相好，大家都重义气，就称为『八千子弟兵』。这支队伍，威风凛凛，勇气百倍，很有战斗力，成了项羽成就霸业的骨干力量。

根据这个故事，后来人们引出了『先发制人』。

先斩后奏

【成语释义】

比喻某些事未经请示，就自行处理了，造成既成事实，再向上级报告。斩：杀头，封建时代的一种死刑；奏：指封建时代臣子向皇帝口头或上疏陈述意见。

【典故出处】

《后汉书·酷吏传》。

【成语故事】

东汉时期，社会上有不少豪绅和不正当的人，加之当时交通不便，地方很大，地位稍高一点的官吏，很难及时了解地方的事。于是不少地方就出现了『临民之职，专事威断，族灭奸宄，先行（与斩同义）后闻』。意思是：一些地方官吏，随便断案，甚至对犯法的人判了灭族之罪，事先也不报告，即所谓『先行刑而后闻奏也』。

相传，东汉光武时，任洛阳县令的董宣就处理过这样一件事：光武帝刘秀的姐姐湖阳公主的家奴，杀了人，一直逍遥法外。有一天，董宣趁湖阳公主外出的时机，带人将凶犯抓获，并就地处死了。这下子，惹怒了湖阳公主，立即进宫向光武帝告状。刘秀责问董宣为什么杀人不先报告他，要判处董宣死刑。董宣据理辩驳，光武帝也只好不再追究了事。

根据这些记载和故事，后来人们就引出了『先斩后奏』。

有名无实

【成语释义】

表示空有虚名，而无实际内容。

【典故出处】

《国语·晋语八》。

【成语故事】

叔向去见韩宣子，宣子正为贫困而发愁，叔向却向他表示祝贺，宣子说：『我是有卿的名而没有卿的实，无法跟大夫们相比。我正为此犯愁。你却祝贺我，这是什么缘故呢？』

叔向说：『过去栾武子没有一卒田地，宫中没有祭祀的器具，只传播他的品德行为，遵守法令规则，美名传于诸侯。大家都爱护他，边远的戎、狄也归顺他，因此治理晋国，动用刑法时心里没有愧疚，所以免于灾难。到了桓子，他奢侈骄傲，贪得无厌，宁可违犯法规，也要按自己个人意愿办事，借贷无度又积聚财产，只是依靠武子的德行美名，自己才得以善终。到了怀子，改变了桓子的做法，而修行武子的美德，本来可以免于灾难，却因为桓子的罪恶而遭难，流亡楚国。晋国卿郤昭子，他的财产有王室的一半，他家的武士有三军的一半，仗着财富与荣宠，在国中骄横异常，结果陈尸于朝廷，宗族也被消灭。不然，郤家八位贵族，五位是大夫，三位是公卿，他们的荣宠可就大了。一旦被诛灭，没有人同情他，只是他没有德行。现在，你有栾武子那样的清贫，我认为你也能奉行他的美德，因此向您祝贺。如果你不怕自己道德不完美，而忧虑财物不足，我哀悼你还来不及，哪里会祝贺呢？』

宣子跪拜叩头说：『我在将要灭亡的时候，依靠您的忠告而活下来，不仅我自身承受恩惠，就是从祖宗桓叔以来，都应称颂您的恩德。』

有则改之，无则加勉

【成语释义】

用来规劝和勉励人们对别人给自己指出的缺点或错误，如果有就努力改正，如果没有就来鞭策自己。之：代词，这里指缺点错误；加：加以；勉：勉励。

【典故出处】

《论语·学而篇》。

【成语故事】

我国古代，各种学派和宗教，各自都有一套修养身心的方法和形式。孔子的得意门生之一曾参（shēn）就说过：『吾日三省（xǐng）吾身，为人谋而不忠乎？与朋友交而不信乎？传不习乎？』意思是：我每天都要从办事情是否做到忠心、对待朋友是否信义、学习是否坚持这三个方面来检查自己。南宋理学家朱熹注释《论语》时，评价了曾参的话：『曾子（即曾参）以此三者省其身，有则改之，无则加勉。』意思是：曾参经常从以上三个方面来检查自己，有缺点就改掉，没有就加以警惕。

讳疾忌医

【成语释义】

比喻掩饰自己的缺点、错误，不思改正。讳：有顾忌而不说；疾：疾病；忌：怕，畏惧。

【典故出处】

《韩非子·喻老》。

【成语故事】

扁鹊，战国时期著名的医学家。渤海郡郑（今河北任丘）人。他反对巫术治病，曾学医于长桑君，擅长各种医术，遍游各地行医，有丰富的医疗实践经验。正因为秦越人的医术高明，又肯热心为大家治病，所以人们都把他比作传说中的神医扁鹊，尊称他为扁鹊大夫。

有一次，扁鹊去见蔡桓侯。他在旁边闲待了一会儿，便对桓侯说：『君王您有病了，现在病还在皮肤表浅部位，如不赶快医治，病情会加重的。』蔡桓侯笑着说：『我哪有什么病哟！』扁鹊转身出去了，桓侯又对左右的人讥讽地说：『医之好治不病以为功。』意思是：这些医生总是医治没有病的人来显示自己医术的高明。

过了十天以后，扁鹊又去见桓侯，惊恐地说：『君王您的病已经进入肌肉血脉里，如再不医治，病情将会更重。』蔡桓侯很不高兴，仍然认为自己没病，根本不理睬扁鹊。

又过了十天，扁鹊再次见蔡桓侯，说他的病已进入肠胃里，再不医治就来不及了。桓侯仍然对他不理不睬。

再过了十天，扁鹊去见桓侯时，对他望了望，扭头就往回走。蔡桓侯觉得很奇怪，就派人去问扁鹊这是什么缘故。

扁鹊对来人说：『病要是在皮肤里，肌肉里，肠胃里，不论针灸或服药，都还可以医治。现在君王的病已经深入到骨髓里去了，再也没有什么治疗的办法了。』

果然，五天以后，蔡桓侯浑身疼痛，急忙派人去请扁鹊，但扁鹊已经逃往秦国去了。蔡桓侯不几天就死掉了。

名落孙山

【成语释义】

比喻榜上无名，没被录取。孙山：人名。

【典故出处】

范公偁的《过庭录》。

【成语故事】

宋朝时候，有个叫孙山的读书人，他爱说笑话，被称为『滑稽才子』。有一年乡试（旧时在省城举行选举人的考试）又到了，孙山整理好行装，准备前去应考。临行前，邻村有人托孙山帮忙，带上他的儿子一同去省城应考。孙山答应了他的请求。他们来到省城，报了名，一同参加了考试。

发榜那天，孙山赶到张榜的地点。他挤在人群中，瞪着大眼睛，从头起一个一个名字往下看，可总是不见自己和乡邻那个孩子的名字。正当他灰心失望的时候，突然榜上最末的一个名字跳入眼帘，定睛细看正是『孙山』二字。他惊喜若狂，连连高呼：『我中了！我中了！』

孙山一时兴奋，决定当天就动身回乡，而邻村那孩子却无精打采，没有同行。孙山到家后，远亲近邻都赶来向他祝贺。邻村那个人也赶来问他：『我的儿子考中了吗？』孙山见他焦急的样子，没好直说，只是回赠了这样两句诗：『解名尽处是孙山，贤郎更在孙山外。』周围的人乍一听，有点莫名其妙，但一琢磨，也就明白了。原来这两句诗是说，举人的最末一名是我孙山，你儿子的大名还在我孙山后面哩，即没有被录取。

后来，人们把孙山这两句诗简化成『名落孙山』。

死灰复燃

【成语释义】

烧后的余灰重又燃着，比喻失势者重新得势。复：再，重新。

【典故出处】

《史记·韩长孺列传》。

【成语故事】

西汉时，长史韩安国原在汉景帝之弟梁孝王刘武手下当差，很得梁王信任，后来因事被捕，关押在蒙地监狱中，梁王多方设法搭救，一时未能使他获释。

狱吏田甲以为韩安国失势，常常借故凌辱他。韩安国怒道：『你把我看成熄了火头的灰烬。难道死灰就不会复燃？』

田甲嘿嘿一笑，说道：『倘若死灰复燃，我就撒尿浇灭它！』韩安国气得说不出话来。

不久，太后知道了韩安国入狱的事。原来韩安国曾出力调解过景帝和梁王之间的矛盾，使失和的兄弟重归于好，太后为此十分看重韩安国，亲自下诏要梁王起用韩安国。韩安国被释放，做了梁孝王的『内史』。狱吏田甲怕他报复，连夜逃走。

韩安国听说狱吏逃亡，故意扬言说，田甲如不赶快回来，就宰了他一家老小。田甲只好回来向韩安国请罪。韩安国讽刺他道：『现在死灰复燃，你可以撒尿了。』田甲吓得面无人色，连连磕头求饶。『起来吧。像你这样的人，才不值得我报复！』韩安国面无怒色，并无惩罚田甲之意。田甲大感意外，更加觉得无地自容。

死有余辜

【成语释义】

形容罪大恶极，即使处死，也抵偿不了他的罪恶。辜：罪恶。

【典故出处】

《汉书·路温舒传》。

【成语故事】

西汉时期，有一个叫路温舒的人，从小喜研法律，学习刻苦努力，掌握了丰富的历史知识，熟悉当时各项律令。又由于他曾当过看守和狱吏，深知监狱的黑暗。

汉宣帝即位不久，路温舒给汉宣帝上了一道《尚德缓刑书》的奏疏。在奏疏里，他引古喻今，歌颂德政，抨击狱吏的罪恶，望汉宣帝崇尚仁义，减少刑罚。其中有这样几句：『狱吏滥斥酷刑，犯人受不了拷打，乱编口供，而审问之人不但全信假口供，还进行诱供。上报时便想出种种办法使上级相信罪名成立。这样一来，即使像咎繇（yóu）那样公正的人听了，也会认为判处死刑还抵偿不了他的罪恶（原文「虽咎繇听之，犹以为死有余辜」）。望陛下广开言路，推行德政，减少刑罚，这样才能使国家兴盛，天下太平。』汉宣帝看了路温舒的奏疏非常称赞，不久就提拔了他。

七画

坐山观虎斗

【成语释义】

比喻对双方的争斗采取旁观态度，等待机会，从中取利。

【典故出处】

《史记·张仪列传》。

【成语故事】

有一年，韩国与魏国打仗，对峙很久都没有结果。秦惠王打算派兵援助，他想听听大臣们的意见，陈轸说：『从前有个叫卞庄子的人，看见两只老虎就想举剑刺杀它们。旁边的人劝他说：「你不必着忙，你看两只老虎在吃牛，一会儿把牛吃光了，它们必然会争夺，由争夺而引起搏斗，结果大虎受伤，小虎死亡。到了那时候，你再将那只受伤的大虎刺杀，岂不是一举而得到两只老虎吗？」

秦惠王听后茅塞顿开，道：『你的意思是，先让韩国和魏国打一阵子，等着一个大败，另一个受损时，我再出兵讨伐，就可以一次打败他们两个国家，就与那卞庄子刺虎一样，是吧？』

陈轸点点头，说：『正是这样！』秦惠王采纳陈轸的意见，真的获得了胜利。

坐怀不乱

【成语释义】

形容男子在两性道德方面情操高尚，作风正派。

【典故出处】

《荀子·大略》。

【成语故事】

柳下惠是春秋时鲁国大夫，任士师（掌管弄狱的官）。鲁僖公二十六年（公元前634年），齐国进攻鲁国时，他派人到齐国去，劝说齐国退兵，受到鲁僖公的称赞。同时柳下惠还是个讲究贵族礼节、道德高尚的人。有一次柳下惠到外地办事，耽搁了出城时间，此时客店也已住满了客人，他只好到城门下夜宿。

不久，一位年轻貌美的女子也来到城门下夜宿。柳下惠见那女子衣服单薄，冻得瑟瑟发抖。柳下惠恐怕那女子冻死，就用自己的棉衣把她裹在怀里，一直到天亮，丝毫没有淫乱行为。据此，人们就引申出了『坐怀不乱』。

坐享其成

【成语释义】

坐着不动，享受别人的劳动成果。

【典故出处】

《东周列国志》。

【成语故事】

有一年，魏国的魏文侯攻打中山国，进攻途中必须经过赵国，于是向赵国借路。赵国国王赵侯想拒绝魏文侯，大臣赵利便赶忙劝说：『魏国攻打中山国，如果不能胜，也必然消耗重大，造成国力疲惫。魏军如果消灭了中山国，由于我们赵国居中间，他们想保留中山国的土地，势必难。』到时我们岂不是坐享其成了吗？

听了这番话后，赵侯终于答应借路给魏国。

近水楼台

【成语释义】

比喻利用职权的方便而得到特殊利益的不正之风。

【典故出处】

《清夜录》。

【成语故事】

『先天下之忧而忧，后天下之乐而乐』，是北宋杰出的政治家范仲淹在《岳阳楼记》里，写下的千古名句。

范仲淹两岁就失去了父亲，家境贫困，学习非常刻苦。在他二十三岁那年，远离家乡到著名的应天府（今河南商丘）书院求学。为了不让吃饭占去太多的时间，他每天只吃稀粥，冬天来了，便将稀粥冻成块，吃一块，切一块。在学习的整整五年里，都是和衣而睡的。早年的穷苦生活，使得范仲淹在做了官以后，也比较清廉。

有一个时期，范仲淹在杭州做知州，他身边的许多官员都因得到他的推荐，而调任了自己理想的职务。只有一个负责掌管训练兵卒和维护治安的官吏叫苏麟的人，因当时在外面巡察，没有得到推荐。后来苏麟因有事要见范仲淹，就趁机写了一首诗送给他，其中有两句诗是：『近水楼台先得月，向阳花木易为春。』就字义说：靠近河边或池畔的楼房，最先得到月光；朝着阳光的花草树木，容易成长开花。它的实际含义则是苏麟对范仲淹发泄不满，指的是『那些接近你的人，都先得到了好处』。范仲淹读罢，忍不住笑了起来，便给苏麟也写了一封推荐信，让他找到了理想的职位。

后来人们就将苏麟的这两句诗概括为『近水楼台』。

轩然大波

【成语释义】

比喻大的纠纷或风潮。

【典故出处】

唐代韩愈《岳阳楼别窦司直》诗。

【成语故事】

唐顺宗永贞元年（805年），唐代大文学家韩愈因为赶上新皇帝登基的大赦，从贬地阳山（今广东省内）县回到了京都长安。他满以为这次被召回京会遇上一个明智的皇帝，能委以自己力所能及的重任，以施展平生的抱负。结果却大失所望，先是让他在柳州等待分配，不久被任命为江陵府长官的幕僚法曹参军（管理司法官吏）。这与他被贬前的监察御史相比，担任这样辅佐性小官，只能是被贬生活的继续。韩愈对此无限感慨和悲愤。

韩愈将要去江陵赴任的时候，恰好赶上旧历的八月中秋节。夜晚明月高挂，寂静的中秋之夜，他邀请了同自己一同被贬，一同被赦，又一同被派往江陵的张功曹，对月饮酒赋诗，借以消愁解闷。韩愈回忆起自己本想为国出力，却一再受打击，三年的被贬生活的苦难，更是难以抑制自己的感情，于是他便写了《八月十五夜赠张功曹》这首著名的七言诗。他悲愤地吟咏出『一年明月今宵多，人生由命非由他，有酒不饮奈明何』这样幽怨深沉的诗句。

这年的十一月间，韩愈在去江陵的途中，遇见了当时在武昌跟韩皋当幕府任司直的窦庠，二人同游了岳阳楼之后，临别时韩愈又写了《岳阳楼别窦司直》这首五言长诗。这诗的前半部分写了岳阳楼的景物；后半部分追述往事，抒发自己的忧愤心情。在记叙临近洞庭湖的岳阳楼的景色时，有这样的诗句：

炎风日搜搅，幽怪多冗长。

轩然大波起，宇宙隘而妨。

人们便由此引出了『轩然大波』。

身败名裂

【成语释义】

比喻地位失去，名声扫地。身：地位；败：毁坏；裂：破损。

【典故出处】

南宋辛弃疾《贺新郎》词。

【成语故事】

公元1203年，金人内部发生了变乱，这本来是南宋统治者可以利用的好机会，可是乐于苟安的南宋王朝不仅毫无北伐收复中原失土的打算，反而进一步加紧对主张抗金的官员的迫害。辛弃疾的族弟辛茂嘉，曾在北方靠近金占区做官多年，熟悉金人的军政情况，本来是出兵北伐时用得着的人才，但却被贬桂林（今广西桂林）。这时，辛弃疾正闲居铅山，他对族弟不能为收复中原出力的遭遇，深为惋惜。在辛茂嘉去桂林赴任之时，特写了这首《贺新郎》为他送行。词的上片引用了昭君出塞，戴妫归陈的故事，表达了作者对辛茂嘉被贬的愤慨；下片又以李陵、荆轲作比，将自己抗金复国的意志展露无遗。这首词的下片是：

将军百战身名裂。向河梁回头万里，故人长绝。易水萧萧西风冷，满座衣冠似雪。正壮士，悲歌未彻。啼鸟还知如许恨，料不啼清泪长啼血。谁共我，醉明月？

将军：指西汉时的李陵，汉武帝时率兵伐匈奴，兵败而降，后病死于匈奴；故人：指李陵的好朋友苏武，汉武帝元年出使匈奴被扣，多次劝降不成，历时十九年，始终不屈，后释放回朝，苏武被释时李陵曾为他置酒送行，说：『异域之人，一别长绝』；长绝：永别；易水：河名，这里指荆轲刺秦王时，燕太子丹等曾穿戴白衣白帽为之送行；未彻：没有完结。

这段词的大意是：李陵将军虽然身经百战，但最后因战败投降匈奴毁坏了自己的名节。回想当年在苏武被释回朝时，他与故人置酒送行道永别。在易水河边，燕太子丹等也曾穿戴着白衣白帽为荆轲送行，壮士悲歌未唱完，便愤然离去。人间这么多的离别恨事啊，要是让啼鸟知道了也会悲痛流涕而啼血的。今后，谁和我，一起在明月下饮酒？

后来，人们把『将军百战身名裂』引申为『身败名裂』。

鸡犬升天

【成语释义】比喻一个人做了大官，同他有关联的人也跟着得势。

【典故出处】晋代葛洪《神仙传·刘安》。

【成语故事】

《神仙传》是东晋道教理论家、医学家、炼丹术家葛洪的作品。全书十卷，共叙述了古代传说中的九十四个神仙故事。其中『刘安』一篇，是写汉高祖刘邦的孙子——淮南王刘安的事。

刘安喜爱文学、哲学，也喜好求仙访道，想求得长生不老之法。他门下养有宾客和方士多有数千人。有一天，有八个神态飘逸的老翁，前来求见，说他们有『却老之术』，愿意奉献。刘安接到门人的通报后，认为他们自己都已是这般的老了，哪还会有什么『却老之术』，就拒不接见。八个老翁听说后，便摇身一变，都变成了十四五岁的童子。刘安听说后，连鞋子也顾不及穿，就慌忙出来迎接，行礼叩头。一瞬间，八个童子又变成了老翁，于是，刘安就把八位老翁留在府上，早晚虔诚地朝拜他们，老翁们也就将炼丹之法传授给了他。后来，有人向汉武帝告发刘安要谋反。汉武帝就派人捉拿刘安问罪。刘安在八个老翁的授意下，在府邸被围的危急时刻，把自己炼成的丹药服下。这样，便在大白天随着八个仙翁升天而去。刘安服剩下的几粒丹药，掉在庭院里，被鸡和狗吃了，也都升天而去。

鸡犬不宁

【成语释义】

形容骚扰得非常厉害，连鸡狗都不得安宁。宁：安宁。

【典故出处】

唐代柳宗元《捕蛇者说》。

【成语故事】

《捕蛇者说》是柳宗元在公元805年被贬到永州（今湖南零陵县）以后写的。说，是古代散文的一种文体，可以就事论理，亦可以夹叙夹议。

文中是一个三代以捕蛇为业的人的自述，讲他一家三代捉蛇，祖父、父亲都被毒蛇咬死了，可是自己还得去捕蛇。从而揭示了中唐时期，赋税、徭役沉重，加之官吏的横征暴敛，拼命搜刮民财，弄得民不聊生，有力地揭露了封建统治者掠夺和压迫人民的罪行。

文章一开头就写了毒蛇之毒和捕蛇之苦，接着笔锋一转，以对比的写法和问答的形式说明捕蛇比种田的乡邻还要好得多。文章写道：

曩与吾祖居者，今其室十无一焉；与吾父居者，今其室十无二三焉；与吾居十二年者，今其室十无四五焉。非死则徙尔，而吾以捕蛇独存。悍吏之来吾乡，叫嚣乎东西，隳突乎南北，哗然而骇者，虽鸡狗不得宁焉。

曩（nǎng）：从前；徙（xǐ）：搬迁；悍：凶悍，凶暴；隳（huī）突：乱闯乱奔，乱闯乱喊。

这段话的意思是：那些以种田为业的人，从前和我祖父住在一起的，现在十家中难得剩下一家了；和我父亲住在一起的，十家中难得有两三家了；和我在一起住了十二年的人家，十家中也难得有四五家了。他们不是死去，就是逃亡搬迁了。然而我却因以捕蛇为业而独自活下来了。每到催交租税的时候，凶暴的官吏来到我们这里，到处狂喊乱叫，冲撞骚扰，受惊骇而呼喊的，不仅是老百姓，连鸡狗都不得安宁。后来，『虽鸡狗不得宁焉』被简化引申为『鸡犬不宁』。

坚如磐石

【成语释义】

形容极其坚固，不可动摇。磐（pán）：大石，比喻坚定。

【典故出处】

汉乐府《孔雀东南飞》。

【成语故事】

《孔雀东南飞》是我国古代的一首杰出的长篇叙事诗。诗前小序说：『汉末建安中，庐江府小吏焦仲卿妻刘氏，为仲卿母所遣，自誓不嫁。其家逼之，乃投水而死。仲卿闻之，亦自缢于庭树。时人伤之，而为此辞也。』这就说明诗中所叙述的事情是发生在汉献帝建安年间。诗中通过对庐江府（郡治在今安徽潜山县）小吏焦仲卿和妻子刘兰芝的婚姻悲剧的描述，深刻地揭露了封建礼教、宗法对自由爱情的束缚。全诗可分为十二段。诗的第一段写刘兰芝由于婆婆的压迫，忍无可忍，才向丈夫诉说了心中的苦痛，自请离婚，返回娘家；第二段写焦仲卿为兰芝求情，焦母坚持要把儿媳妇休掉，赶回娘家；第三段写焦仲卿向兰芝传达母亲的意思，并表示过些日子要把兰芝接回来；第四段写兰芝向婆婆、小姑辞别，然后挥泪登车返回娘家；第五段写焦仲卿送兰芝在大路上，分手时相约永远相爱，绝不变心；第六段写兰芝回到娘家，初见母亲及兄长时的情形；第七段写县令派人求婚，兰芝拒不再嫁；第八段写太守派媒人为第五子向刘兰芝求婚，刘家允婚，太守准备迎娶；第九段写兰芝在母亲的催逼下含悲做嫁妆；第十段写仲卿闻讯来会兰芝，两人相约同死；第十一段写焦仲卿与母诀别，准备自杀；第十二段写在太守迎亲之日兰芝与仲卿双双自杀。诗在尾声部分还通过对连理枝和比翼鸟的描写，更表现了广大人民群众对于美满爱情的追求和向往。

诗的第五段在写焦仲卿在送别兰芝时，向兰芝保证忠于爱情，绝不变心。兰芝回答说：

『感君区区怀。君既若见录，不久望君来。君当作磐石，妾当作蒲苇。蒲苇纫如丝，磐石无转移。我有亲父兄，性行暴如雷，恐不任我意，逆以煎我怀。』

区区怀：真诚的情怀；见录：记着我；蒲苇：两种水草，蒲草和苇子，柔软但结实；纫：通『韧』；转移：移动；任：听任；逆：预料。

这段话的大意是：感谢你这真诚的心意。如果你真是记着我，那我希望你不久就来接我。我要像蒲苇那样柔韧不折，你要像磐石一样牢固不变。只是我有一个兄长，他的性子非常暴。我担心他不能顺着我的意思，预计到这种情况，我心中就难受得像油煎一样。

以后，在第十段里焦仲卿闻听太守要为子娶兰芝，两人相会后，焦仲卿再向兰芝表示自己至死不变的忠心时，说：『磐石方且厚，可以卒千年。』意思是：我对你的爱像磐石一样方正、厚实，可以保持千年不变样。

后来，根据这些诗句，便引出了『坚如磐石』。

坚忍不拔

【成语释义】

形容意志坚定，不为任何艰难挫折所动摇。坚：坚定；拔：移动，改变。

【典故出处】

北宋苏轼《晁错论》。

【成语故事】

《晁错论》总结了晁错为汉景帝削藩失败的教训。作者对晁错的改革是同情的，对晁错为尽忠汉朝而遭杀身之祸，也是惋惜的。但苏轼认为晁错被杀，不是由于素与晁错不和的袁盎进谗所致，而是『自祸』。这主要表现在两个方面：一是晁错对改革操之过急，并且事先缺乏预见，没有考虑好可能出现的不利情况及其相应处置措施；另一是当吴、楚七国联合起兵反叛时，晁错没有挺身而出，而是建议汉景帝领兵前去抵抗，自己留守京师，以图保全自己，因而被人乘机进谗言。对于前者，文章写道：

古之立大事者，不惟有超世之才，亦必有坚忍不拔之志。昔禹之治水，凿龙门，决大河，而放之海。方其功之未成也，盖亦有溃冒冲突可畏之患。惟能前知其当然，事至不惧，而徐为之图，是以得至于成功。夫以七国之强而骤削之，其为变岂足怪哉！

超世：超出当代人；禹：即夏禹，传说舜曾命令他去治理洪水；龙门：山名，在今山西河津市西北；七国：指西汉时七个诸侯王国，西汉初封同姓亲属为王，汉高祖刘邦死后，诸王逐渐强大，不服从中央政权的命令，汉景帝即位后晁错上疏请求削弱诸侯王国的封地，于是在景帝三年，吴王濞、胶西王卯（mǎo）、胶东王雄渠、菑（zī）川王贤、济南王辟光、楚王戊、赵王遂等七国合兵反叛，景帝惊慌失措听信袁盎的谗言，『杀晁错以谢天下』。

这段话的大意是：自古以来那些能够成就大事的人，不但有超出当代人的才干，还必须有坚忍不拔的意志。从前夏禹治理洪水，凿开龙门，疏通大河，把洪水疏导进大海里。当他的功业尚未完成的时候，也很可能有过决口、涨溢、冲突等可怕的灾害。只是因为他能够事先估计到灾害必然要发生，所以事到临头就不会慌张，而是从容不迫地去规划解决，因此才取得了成功。而吴、楚等七国诸侯那样强盛，却要一下子削弱它们，他们起来叛乱又有什么奇怪的呢？

投桃报李

【成语释义】

比喻彼此间的赠送和回赠。投：掷，赠送。

【典故出处】

《诗经·大雅·抑》。

【成语故事】

这首诗的作者相传为卫武公。《诗序》载：『《淇澳》，美武公之德也。有文章，又能听其规谏，以礼自防，故能入相于周，美而作是诗也。』这里所说的『有文章』，不仅是指卫武公有文化修养，也是指他能够做文章，《诗经·大雅·抑》《诗经·小雅·宾之初筵》，便是他刺时与自儆的名作。

公元前771年，犬戎杀周幽王，卫国的国君卫武公带兵协同周王朝平定了犬戎。周平王东迁之后，即任命卫武公为卿士。那时王室衰弱，社会和阶级矛盾日益尖锐，整个社会动荡不安。很有见识和才干的卫武公，见此情景便在他九十五岁那年（大约在公元前761年），写了《抑》这首诗来讽刺王室倒行逆施，致使百事俱废的行为，也以此自儆。这首诗共十二章，第八章是：

辟尔为德，俾臧俾嘉。淑慎尔止，不愆于仪。不僭不贼，鲜不为则。投我以桃，报之以李。彼童而角，实虹小子。

俾：使；止：容止，风度；愆（qiān）：罪过，过失；僭（jiàn）：超越本分，这里指差错；贼：伤害；童：这里指无角的童羊；虹：溃败。

这章诗的大意是：修明您的德行，使之尽善尽美。好好审慎您的容止，不失去威仪礼貌。没有过失也没有残害，少有不为人所仿效的。有人投赠我桃子，我回报他李子。胡说羊羔头上有角，实是乱你周王朝。

后来，『投我以桃，报之以李』被简化引申为『投桃报李』。

穷困潦倒

【成语释义】

比喻生活贫困，失意颓废。穷困：贫穷，困苦；潦倒：失意。

【典故出处】

唐代杜甫《登高》诗。

【成语故事】

在安史之乱中一直颠沛流离的杜甫，到了晚年更是贫病交加，但他仍然忧国忧民，希望国家太平，人民能过上好一点的日子。公元767年（唐代宗大历二年）秋，杜甫在夔州写的律诗《登高》中，便充分反映了诗人的这种心情。

风急天高猿啸哀，渚清沙白鸟飞回。
无边落木萧萧下，不尽长江滚滚来。
万里悲秋常作客，百年多病独登台。
艰难苦恨繁霜鬓，潦倒新亭浊酒杯。

渚(zhǔ)：江中沙洲，萧萧：秋风吹动落叶的响声；百年：这里指一生；霜：白；繁：多；亭：同『停』。

诗的大意是：重阳节这天，我登高远望，疾风劲吹，远处传来了悲啼的猿声。在那江心发白的沙洲上，飞鸟在疾风中盘旋。无边无际的树叶在萧萧声中被秋风吹落下来，无穷无尽的长江水滚滚而来。在这深秋里，我这个离乡万里常年在外作客的异乡人，更觉凄凉；年老了，又加上一生多病，独自登上这高台，更加没有好的心情。在这艰难的时世里，深恨自己越来越老了。处在这样穷困、失意的生活里，近来连酒杯也放下了。

后来，『艰难苦恨繁霜鬓，潦倒新亭浊酒杯』被简化引申为『穷困潦倒』。

言归于好

【成语释义】

指闹过别扭后，彼此重新和好。言：句首助词，无义。

【典故出处】

《左传·僖公九年》。

【成语故事】

春秋战国时期，诸侯争霸，战争连年不断。齐桓公为了重修诸侯之好，于公元前615年在葵丘召开结盟会议，史称『葵丘会盟』。与会的诸侯国有鲁、齐、卫、郑、许、曹等。在结盟大会上，诸侯国各抒己见，经过激烈的争论，最终达成决议：第一，不得阻塞水源；第二，不得阻挠粮食的流通；第三，要尊贤育才，选拔贤士，不得世袭官职。盟会结束时，齐桓公要求：『凡是参加同盟的各国，大家订立了盟约之后，一定要遵照执行，消除过去的隔阂，重新友好相处。』

后来，人们用『言归于好』表示重新和好。

言不由衷

【成语释义】

比喻不讲真心话，虚伪敷衍的行为。由：从；衷：内心。

【典故出处】

《左传·隐公三年》。

【成语故事】

春秋时候，王室衰弱，周天子已经不再受到诸侯重视了。春秋初年，继郑武公之后，郑庄公仍是周平王的卿士，执掌着朝廷的大权，但他对平王不大尊重。于是周平王有好些事情，都交给西虢（guó）公管理。郑庄公为此对周平王很不满意，认为平王是要让虢公代替自己管理朝政了。周平王就向郑庄公解说：『无之。』意思是：我没有这样的意思。为了消除隔阂，相互还同意互换人质，来表示对对方的信任。于是，周平王的儿子王子狐为质去郑国；郑国的公子忽也质于周，来到了洛阳。这便是有名的『周郑交质』事件。

可是，就在这年的三月，周平王死去了。平王的孙子姬林即位，史称周桓王。桓王一即位，也想委政于虢公。郑庄公非常生气，就在这年四月间，派大夫祭（zhài）仲率兵到周王畿内的温邑（今河南温县南），把已经成熟的麦子全割走了，秋天里，祭仲又带兵到周王畿内的成周（今河南洛阳市东），把成熟的谷物全部割走了。从此，周郑之间的关系逐步走向恶化。

当时，有些正直之士在评论这件事时，指出：『信不由中，质无益也。明恕而行，要之以礼，虽无有质，谁能间之。』

中：同『衷』；要（yāo）：约束；间：离间。

这段话的意思是：不是从内心里说出来的真话，交换人质也是没有信用的。如果相互间能坦荡、真诚相交，都能以礼义来约束自己，即使没有人质，谁又能离间得了相互间的关系呢？

根据这个故事，人们就把『信不由中』引申为『言不由衷』。

兵不厌诈

【成语释义】

说明用兵打仗要用计谋，以各种方式迷惑敌人。

【典故出处】

《孙子·计篇》：『兵者，诡道也。』意思是：用兵就是一种以计欺诈的行为。唐代李筌把这句话注为『军不厌诈』。厌：满足；诈：欺诈。

【成语故事】

《后汉书·虞诩传》载有这样一个故事：公元115年（汉安帝刘祜元初二年），安帝命令虞诩为武都太守，率军去抵抗西北边疆羌族的入侵。汉军到达陈仓、崤谷一带，为羌军所阻。虞诩见敌众我寡，便命令部队停止前进，并传话出去说他已经上疏朝廷请求增兵，待援军到来再前进。羌军听到这个消息后，未辨真伪，便分兵去攻掠附近的县城。虞诩趁机命令部队日夜兼程前往武都前线，而且命令士兵在第一天驻营的地方每人造两个灶煮饭，以后逐日增加一倍。担任阻击任务的羌兵，见汉军驻宿地逐日增灶，误以为汉军兵力大大增加，便不战而退。这时，有人询问虞诩这样做的原因，虞诩回答说：『羌人多，我军少，他们见我天天增加军灶，就误认为是武都郡的部队来接应我们了，便不敢跟踪追击了。从前齐国大将孙膑用减灶的奇计故意示弱，我现在增灶是故意示强，彼此情况不同，应该因势而导，不可因循守旧。』虞诩终于大败进犯武都的羌军。

兵无常势

【成语释义】

多指军事上用兵打仗要根据敌情，采用灵活的克敌制胜的方法，不能墨守成规；有时也用来说明办事要因时、因地制宜，具体问题要用具体办法去解决。常：不变；势：形势，这里指方式。

【典故出处】

《孙子·虚实》。

【成语故事】

《虚实》篇是《孙子》中卷的第二篇。本篇主要是论述如何使敌虚而我实，以达到在战斗中以实击虚，夺取胜利之目的。实，指兵力的集中而强大；虚，指兵力的分散而薄弱。曹操在解这篇的题旨时说：『能虚彼实己也。』意思是：能够做到虚彼、实己，就有了取胜的把握。

在《虚实》篇中，孙武运用流水的变化、四季的交替、月亮的圆缺等自然现象，来说明用兵作战没有固定不变的方式方法。孙武说：『故兵无常势，水无常形，能因敌变化而取胜者，谓之神。故五行无常胜，四时无常位，日有短长，月有死生。』

五行：水、火、木、金、土等五种物质，古人认为其是世界本源；四时：四季，即春、夏、秋、冬；日：白天；死生：圆缺。

这段话的意思是：所以用兵打仗没有固定不变的方式方法，就像流水没有固定的形状一样。能依据敌情变化而取胜的，就算得是用兵如神了。所以作战的方式方法也就像自然界的『五行』相生相克，没有哪一个固定独胜；四季交替没有哪一个季节能固定不移。昼有长有短，月有圆有缺，都是永远处于变化、发展之中的。

《史记·淮阴侯列传》载有这样一个故事：韩信在俘虏魏豹，平定魏国之后，接着便率军继续东进，去攻打赵国。赵在今河北南部及山西东部，由魏至赵，要通过太行山一条极为狭窄的山口，叫作井陉（在今河北井陉县）。赵王歇和大将陈余亲率二十万之众，守住井陉口。赵王的谋士广武君李左车便献计说：『井陉这条道路，车辆不能并行，骑兵无法成列，行军的行列要拉长数百里，运输粮食的队伍必然会远远落在后面。请让我带上三万人，抄小道去拦截敌军的粮草，切断他们的后路，使他们得不到任何给养，处于进退两难的境地，不出十天，必然败走。』可是，成安君陈余身为大将，却是个书呆子，不仅不用李左车的计谋，还说：『吾闻兵法十则围之，倍则战。今韩信兵号数万，其实不过数千。能千里而袭我，亦已疲极。今如此避而不击，后有大者，何以加之！』意思是：兵书上说，兵力超过敌人十倍就要包围它，超过敌人一倍就要与它交战。现在韩信的兵力号称数万，实则不过几千人。他们跋涉千里来袭击我们，已经很疲惫。

对这样的敌军都避而不打，以后再有更强大的敌人，怎么能够战胜它呢？

韩信得到这个消息后，心中暗自高兴，就大胆地率军进入井陉狭道，在离井陉口三十里的地方宿营，并派遣先头部队出井陉口，背水列阵，与赵军作战。这样，汉军前临大敌，背靠河水，后无退路，人人都拼死作战，结果把赵军打得大败。书呆子陈余战死，赵王歇被活捉。

事后，诸将问韩信说：『兵法上说，布列阵地要右后靠山、左前临水。这次你反而要我们背水列阵，竟然取得了胜利，这是什么战术呢？』韩信笑着说：『这也是出于兵法。兵法上不是说「陷之死地而后生，置之亡地而后存」吗？况且我平素没有得到机会对将士们严加训练，这就如同赶着街市上的百姓去打仗。根据这种情况，只有置之死地，他们才不得不拼命奋战，以求生存；如果留下生路，一和敌人打起来就逃走，那怎么能战胜敌人呢？』

这个故事生动地从正反两个方面说明，即使是对《孙子兵法》，也应该灵活运用。书呆子陈余死守《孙子兵法》说的『十则围之，倍则战』的作战原则，不看条件而照搬，结果连自己的脑袋也搬了『家』；而韩信却在特定的条件下，改变了《孙子兵法》上说的通常应当『右倍山陵，前左水泽』的做法，而出奇地布设了一个『背水阵』，则打了大胜仗。这些都无不说明『兵无常势』这个道理。

兵贵神速

【成语释义】

说明用兵贵在神奇迅速，使人难以预料。

【典故出处】

《孙子·九地》：『兵之情主速，乘人之不及，由不虞之道，攻其所不戒也。』意思是：用兵之理，贵在神速，乘敌人措手不及的时候，走敌人意想不到的道路，攻击敌人未加戒备的地方。

【成语故事】

《三国志·魏书·郭嘉传》载有这样一个故事。公元207年，曹操亲率大军去追击逃往乌丸（即乌桓，当时散居在今河北东就部地区的少数民族）的袁绍的两个儿子袁熙和袁尚的残余势力。由于路途遥远，曹操的人马和粮草辎重太多，行军速度很慢，走了一个多月才到达河间的易城（今河北雄县西北）。谋士郭嘉就向曹操建议说：『兵贵神速。我们应当把大量辎重留下来，派出轻兵，出其不意地深入敌境，就能取得胜利。』曹操采纳了郭嘉的意见，亲率几千轻兵，日夜兼程地北上。曹军穿山越岭，走过了五百多里的山间小道，直插乌丸最强大的部落首领辽西单于蹋顿的住地柳城（今辽宁朝阳西南），出其不意地在离柳城一百多里的白狼山，大败几万名乌丸骑兵，蹋顿和他部下的许多将领都死于乱军之中。袁熙、袁尚见大势已去，慌忙带领随从去投奔辽东太守公孙康，不久就被公孙康杀掉了。从而曹操便取得了征讨乌丸的重大胜利，扫除了北面的边患。

根据这些记载和故事，便引出了『兵贵神速』。